"Mercadotecnia"
La D roja del desarrollo

José Luis Elgueta Jegerlehner

MERCADOTECNIA: la D roja del desarrollo

Generalidades:

Esta propuesta se presenta con alguna secuencia lógica en sus temas, de modo que cada uno de ellos suma al anterior, por lo que sugiero leerla de principio a fin; sin saltarlos o revisando sólo algunos específicos, pues quizá entonces no logre su propósito.

De igual manera, es necesario anticipar acerca de las fuerzas de causa y efecto que imperan en el ámbito de la mercadotecnia.

Toda acción que se emprenda desde cualquier ángulo dentro de una empresa repercutirá en otro. Tanto si se reducen o se incrementan precios como si se añade más color al producto, o menos, o se disminuye la publicidad o simplemente se empieza a vender a través de tiendas de barrio, sin duda alguna, estas acciones causarán algún efecto en otras variables, sea en el envase, la distribución, la percepción del cliente u otra de las miles de las mismas que interactúan en el mercadeo estratégico.

De tal suerte, la mercadotecnia exige permanentemente la búsqueda constante de perfecta interrelación entre las variables que administra, con el propósito de que cada una de ellas sume contundentemente en el mismísimo único sentido que la consolidación final de todo proyecto comercial requiere. Es decir: sinergia total.

Expuestas dichas advertencias, incursionamos en el ámbito del mercadeo, y para ello resulta indispensable partir desde la definición que de mercadotecnia propone el ente rector de la actividad: la AMA, American Marketing Asociation, por sus siglas en inglés, la cual dice:

Marketing is an organizational function and a set of processes for creating, communicating and delivering value to customers and for managing customer relationships in ways that benefit the organization and its stakeholders.

Lo que en español se interpreta como:

7

Mercadotecnia es una función y un conjunto de procesos organizacionales para crear, comunicar y entregar valor a los consumidores y administrar sus relaciones con los mismos en pos de beneficios para la organización y sus colaboradores.

Partiendo de esta definición, aceptada de antemano generalmente, se propone entonces la siguiente alternativa:

Mercadotecnia es una filosofía de pensamiento empresarial que busca la relación armónica y beneficios mutuos con la comunidad, a través de la creación e intercambio de satisfactores con ella.

¿Por qué?

Porque las actividades de mercadeo deben ser conocidas, comprendidas y apoyadas por todos los integrantes de la empresa para ser en realidad una filosofía de pensamiento empresarial y lograr la contundencia en su implantación total. Desde el agente de seguridad en el estacionamiento para automóviles hasta el gerente de servicio y la presidencia corporativa misma deben conocer y comprender tal filosofía, aunque obviamente en la medida de su incidencia en los resultados.

En segundo lugar, aunque sin duda sumamente importante, es imposible concebir hoy día el crecimiento y desarrollo de la empresa, sus ventas y sus utilidades, sin mercados en crecimiento y desarrollo. Con lo que el estratega actual debe velar no sólo por el desarrollo de la empresa y sus colaboradores sino también por el de su comunidad.

Tercero: Porque la empresa no sólo es generadora y transformadora sino también beneficiaria de los recursos naturales de la comunidad, principalmente: la mano de obra de sus integrantes, aunque también de la tierra y el agua, entre otros.

Adicionalmente, el dinámico auge de las tecnologías de la comunicación y su enorme impacto en la globalización, tanto como el pregón universal que desde tiempo atrás circula por las diversas redes sociales desde importantes centros de referencia alrededor del planeta en cuanto a derechos humanos, incluso como consumidor, han incidido en que las comunidades y las personas estén hoy día no sólo más y mejor informadas sino también más conscientes de sus tales derechos, con lo que el consumidor ha adquirido un poder adicional, no pocas veces superior al de su poder adquisitivo.

De tal suerte, la empresa no puede limitarse sólo a perseguir el lucro económico que como tal le es inherente e intentar ser más humana sino, mucho más allá, perseguir dicho lucro pero de manera responsable: humana y socialmente.

Ser un aliado de la comunidad que fomenta y apalanca mucho más allá del desarrollo económico meramente de la misma, su desarrollo y crecimiento social integral, con el propósito de alcanzar esa posición inigualable de empresa humana, con liderazgo social, que le permita ser reconocida y apreciada por los mercados. Por la comunidad.

La empresa del nuevo milenio debe ser entonces dinámica y activa, más allá de en sus negocios, también en el fomento y desarrollo de la educación, la salud, la cultura, los deportes, la ecología, el ser humano mismo y tantas otras áreas, aunque de igual manera, debe pronunciarse y actuar contra el maltrato infantil, la explotación inmoderada de los recursos naturales, la corrupción e incluso el maltrato animal, entre otros.

Por supuesto, difícil cuando no imposible será participar en todos los ámbitos señalados, por lo que la empresa deberá seleccionar uno o dos o tres de ellos, con los cuales más allá de poseer congruencia, realmente crea, y pueda entonces desde ahí apoyar y apalancar eficientemente a la comunidad, en procura de la relación armónica y los beneficios mutuos a través del intercambio de satisfactores.

Un intercambio en el que todos los participantes y actores ganan. Obtienen beneficios, cuantitativos o cualitativos, pero que de alguna manera inciden en un cambio positivo. En desarrollo para la comunidad.

Claro está, el propósito de toda empresa comercial es el lucro, como sabemos, por lo que si bien es cierto debe existir relación armónica, beneficios mutuos y demás, estos sólo serán posibles si la empresa es rentable. Es decir, vende, y gana utilidades durante su operación.

Una visión global del mercado

Dado que todos los habitantes del planeta participamos e interactuamos día a día en el mercado global, sea comprando, vendiendo, proveyendo, fabricando, consumiendo, publicitando, distribuyendo y demás, es esencial en este momento identificar las dos maneras generales de hacer mercadeo, específicas a su vez a cada uno de los dos más amplios mercados conocidos: el mercado de organizaciones y el mercado de personas individuales.

El mercado de organizaciones abarca a todas aquellas entidades e instituciones que aglutinan personas que de manera colectiva adquieren una personalidad propia, distinta a la de sus miembros individuales, para desempeñar alguna función. Tal cual la compañías comerciales, iglesias, equipos de futbol, universidades, partidos políticos y el propio Estado, entre otras.

Estas organizaciones también se clasifican en cuanto a su función, pues las hay industriales: las cuales transforman materias primas en productos-satisfactores. Comerciales: que se dedican principalmente a la reventa de dichos productos-satisfactores. De servicios: como puede ser un equipo de futbol, la universidad, la iglesia o el banco, cuya producción no consiste en productos sino en momentos. En momentos-satisfactores. Y finalmente, la organización gubernamental, la cual debe proporcionar servicios públicos-satisfactores.

Todas estas organizaciones interactúan dentro de los mercados, tanto entre ellas como con la comunidad en general, y más allá, con los mercados internacionales.

A pesar de su vasta presencia, los procesos que se llevan a cabo en el mercado de organizaciones generalmente pasan desapercibidos para el público en general, pues se realizan incluso no pocas veces como grandes secretos industriales; sin embargo, dicho mercado depende totalmente del mercado de consumo.

Sí, del otro enorme mercado al que como personas individuales todos pertenecemos. **El mercado de consumo**, ese en el que día a día usted y yo, tanto como millones de personas más, participamos activamente. Sea en búsqueda de algún producto, viendo publicidad, comprando en el supermercado, probándonos ropa en una boutique, consumiendo en un restaurante, opinando cuando nos encuestan o sugiriendo a nuestros amigos la mejor marca, pero también dejando de comprar, devolviendo en la tienda productos defectuosos y exigiendo el reintegro de nuestro dinero, contándole a nuestros amigos el pésimo servicio que tal o cual empresa nos ha brindado e incluso acudiendo a instancias jurídicas en búsqueda de justicia contra quienes nos han engañado con alguna publicidad falsa.

Así, el mercado de consumo es ese en el que usted y yo, ella, nosotros, todos: vivimos y accionamos como personas individuales, principalmente, comprando para consumir. Y el mercado de organizaciones, el que hace posible la existencia de tales compras.

Identificados esos dos amplios mercados, que están estrechamente vinculados e incluso son dependientes totalmente uno del otro, incursionamos en la teoría necesaria de la mercadotecnia para conocer varias aristas acerca del plan de negocio. Importantísima herramienta para iniciar, desarrollar y consolidar una empresa, pequeña o mediana, en el mercado.

Planeación Estratégica de Mercadotecnia

Sin duda, el conocimiento del mercado es de vital importancia para llevar a cabo una labor estratégica de mercadotecnia. El estratega lo es porque ha leído, se ha documentado y porque ha incursionado en el campo de acción, es decir, en el mercado, para percibir de primera mano información de lo que ahí sucede.

La vida misma no es más sino la sucesión de varios pasos en pos de objetivos trazados de antemano. Obtener el diploma de educación media. Luego, el título universitario, la maestría quizá. Un buen empleo o un negocio propio. Una casa a nuestro gusto. La pareja ideal. Los hijos sanos, educados y a buen resguardo y con futuro. Las vacaciones, el viaje del año y tanto más, hasta llegar a un retiro satisfactorio y digno, a sabiendas de que se ha llegado al mismo de manera honesta y honrada.

Sí, todo en la vida se reduce al logro de objetivos, aunque de manera ordenada. Algunos antes y luego otros, y otros. Sin embargo, es importante señalar que todos los objetivos poseen una misma peculiaridad: son a futuro. Por lo tanto, su logro o alcance se busca en un ámbito tan impredecible, desconocido e incontrolable como lo son los doce meses que deben transcurrir para llegar al próximo año o las 24 horas para llegar al día siguiente.

A pesar de tal incertidumbre en el logro de objetivos, tanto la mercadotecnia como la medicina, la sicología o la arquitectura, entre otras, también los tienen como propósito principal de su profesión. Así, en la medicina, el objetivo consiste en salvar vidas; en la sicología, ayudar a las personas a vivir mejor; en la arquitectura, proporcionar comodidad y esparcimiento. En la mercadotecnia, desarrollar y consolidar una empresa o un negocio en el mercado. No sólo abrirlo e iniciarlo, pues tal, como veremos en el corolario, muchísimos lo logran.

Sin embargo, lograr el objetivo de desarrollar y consolidar una empresa o un negocio en el mercado, por ser una actividad eminentemente viva y dinámica, cambiante e impredecible, ya que se desarrolla por mucho, a futuro, y dentro del ámbito de la mente humana, tanto como dentro de una filosofía de pensamiento administrativo y de la exigencia de cierto lucro económico, requiere enormemente del apoyo de otras ciencias, incluso de las exactas.

Así, la mercadotecnia, como responsable del logro de relaciones armónicas con la comunidad, el intercambio y los beneficios mutuos, necesita de la ciencia de la conducta: la sicología, tanto como de los novedosos conceptos de desarrollo del Nuevo Milenio: responsabilidad social empresarial, minimalismo y sostenibilidad a largo plazo. Aunque de igual manera, del apoyo de las ciencias empresariales, principalmente la administración de empresas y sus teorías, así como de las matemáticas, principalmente las comerciales o financieras, y por supuesto, las estadísticas.

De tal suerte, esta propuesta no puede dejar de apelar a las teorías y conceptos de tales ciencias, por lo que se intenta revisarlas una a una, sin embargo, la misma sinergia que el proceso exige, lo hace sumamente difícil así, separadas, aisladas, por lo que a lo largo se citan indistintamente en apoyo al tema que entonces se revisa.

Entrando en materia de emprendimiento de negocios, antes de dar un vistazo hacia cualquier otro lado, incluso hacia el mercado mismo, debemos darlo a nosotros, en nuestro interior, e identificar y cuantificar nuestras cualidades, conocimientos y destrezas como personas para iniciar algún negocio. ¿Cuál negocio? Es la pregunta frecuentemente, en tanto se buscan posibilidades en el mercado.

Bien, en principio, algún negocio que tenga cierta congruencia con esas cualidades, conocimiento y destrezas que identificamos en nuestra personalidad, pues sabido es que cuando se hace lo que a uno le agrada, se hace mejor. Y por ende, con mayores visos de éxito.

Así, de entre las tenues posibilidades que se prevén o surgen en el mercado, será sensato prestar mayor atención a aquellas que más y mejor se adapten a nuestra personalidad y cualidades.

Además, es una manera natural de emprendimiento. Ha de ser sumamente frustrante hacer lo que no nos gusta. Lo que no nos agrada. Así, mi trabajo como escritor es apasionante, y paso horas sentado frente al ordenador. De no serme placentero, quizá me dedicaría al negocio de comidas, otra de mis pasiones. Pero nunca podría dedicarme al oficio de joyero, pues carezco de la fineza en mis dedos tanto como de la paciencia necesaria para tan ínfimos detalles, indispensables en la manufactura de joyería fina.

Para comprender la importancia de este autoconocimiento para el emprendimiento se rescata el tema nuevamente al final, cuando se expone un modelo teórico de "la primera vez". Una vez han sido vertidos los conceptos relevantes al mercado, principalmente el consumidor, el cual, sin duda, es la base primordial para la toma de decisiones respecto a todo nuevo negocio.

Por ahora, y aunque parece pronto para comentar e incluso seleccionar algún mercado, lo considero necesario para dar mayor vida a la teoría, y que usted, amigo lector, empiece a conocer de manera práctica la infinidad de consideraciones e interrogantes durante el proceso.

Sin embargo, es preciso acotar también que muchos términos en estas primeras páginas seguramente resultarán extraños e incluso desconocidos, pero no debe ser motivo de alarma ni de preocupación. Todos ellos se explican conforme el desarrollo de esta.

Bien. Dilucidada la importancia de llevar al lado de la teoría, la práctica, continuamos.

Para todo nuevo negocio, el primer paso siempre es saber precisamente qué o cuál negocio o producto es el más adecuado a desarrollar, y para ello resulta indispensable **la investigación**.

Por supuesto, en este instante, sólo alguna investigación somera o superficial que permita identificar probables oportunidades en el mercado, que a su vez correspondan de alguna manera con nuestras cualidades, conocimientos y habilidades personales. Como primer parámetro de selección, pero nunca único.

Así, con alguna efímera idea en mente del probable negocio a desarrollar, volteamos a ver hacia ahí, hacia el vasto mercado, para intentar establecer en él, entre otras, lo relacionado con nuestra efímera idea.

Qué hay en él, qué no hay, cuál es la demanda y la oferta, qué compran y venden, quiénes, cuándo, a qué precios, cómo, en dónde están los compradores y los vendedores, qué calidades de producto existen, en qué etapa de ciclo de vida se encuentra la categoría de producto, quiénes son los intermediarios, quién es el más grande, cuál es la estacionalidad de la demanda del producto, cuáles son los niveles de precios, incluso de los sueldos y salarios así como de los alquileres; la oferta de locales comerciales, cómo son, en dónde están y demás información. Tanta como sea posible.

Así, pensemos en un producto-satisfactor: pan.

Pero, ¿pensamos en una panadería en la que ofreceremos pan al público en general, en un sistema tradicional de venta al detalle? ¿O pensamos en pan para vender a través de supermercados? ¿En pan de precio bajo, o en pan de especialidad, a precio alto? ¿Una línea completa de pan, incluyendo molletes, francés, champurradas, baguette y demás, o sólo pan tipo sándwich? ¿O en un pan totalmente innovador, que recién aprendimos a hacer?

De tal suerte, identificar con mayor precisión el mercado se torna imprescindible conforme avanzamos en nuestra investigación, pues, como vemos, el pan tipo sándwich no tiene mayor relevancia como competencia para una panadería de barrio cuyo principal mercado será el hogar, y que por ende su oferta será mayoritariamente de pan dulce o de manteca, como se le conoce acá, en Guatemala.

Una vez se tiene entonces alguna idea más clara del mercado que pretendemos, y a sabiendas que tan sólo será un simple reflejo de su verdadera realidad en cierto momento, recurrimos a otras fuentes de información, en otros ámbitos, que nos permitan complementar. Desde oferentes y clientes actuales, cámaras y gremiales, artículos de prensa y revistas, e incluso en el ámbito internacional a través del internet, con el propósito de saber y conocer más sobre dicho mercado, principalmente acerca de sus tendencias.

Sí, el análisis del comportamiento a futuro del mercado es primordialmente importante, pues de ello depende también el éxito o fracaso de todo emprendimiento. Debe preverse hacia dónde se dirige. ¿Está el mercado creciendo o decreciendo? ¿Son sus precios estables o volátiles? ¿Es un mercado consistente o de oportunidad? ¿Tiene potencial de desarrollo? En fin, seleccionar el mercado es una acción de suma importancia, pues al fin y al cabo, todo negocio es una extensión de ese mercado. Por supuesto, de dar aunque mínimos visos de estar en proceso de extinción, no tendrá sentido incursionar en él.

Retomando el tema del pan, sabido es que cocinar en hornos a gas es mucho más económico o barato, y por ende, rentable, que hacerlo en hornos eléctricos, con lo que también debemos ponderar tal recurso, así como las nuevas tecnologías que al respecto se desarrollan. En este caso, por ejemplo, hoy por hoy se habla incluso de hornos con placas de cerámica que proporcionan muchísima mayor eficiencia que los quemadores tradicionales. Sin embargo, a su vez, debemos considerar también qué es lo que pretendemos ofrecer al cliente, pues, ejemplificando nuevamente, el pan cocinado en horno de leña es más apreciado por el consumidor, pero el uso de tal combustible atenta o puede estar atentando contra la ecología. Así, la suma de información, su acumulación, es importante.

De igual manera, no es buena idea en estos albores de milenio, con el petróleo rebasando los US $ 120.00 o 130.00 el barril, intentar el desarrollo de nuevos motores de 8 cilindros a gasolina para autos, como tampoco instalar una boutique de suéteres de lana en Jamaica o desarrollar nuevos plásticos para bolsas de supermercado. Son productos sin demanda, máxime a futuro. Contrario a motores eléctricos accionados por energía solar, la tienda de suéteres de lana en Londres o bolsas de manta para el supermercado, que por lo contrario, son productos en pleno desarrollo y crecimiento.

Y aunque por estos días vivimos un drástico descenso en los precios del petróleo, habiendo descendido este a casi US $ 45.00, lo más sensato será esperar cuando menos un año para saber qué sucederá, máxime si se nos ha ocurrido construir tal motor de 8 cilindros.

Pero más allá del mercado y el consumidor propiamente, debe tomarse en cuenta también el ámbito legal que rige el funcionamiento del tipo de negocio.

Es necesario investigar la injerencia y los límites que la legislación, tanto municipal como gubernamental, imponen a los ciudadanos en el desarrollo de los emprendimientos, tanto como el costo de las distintas licencias y permisos necesarios para iniciar operaciones. No pocas autoridades vedan por completo la oportunidad de instalar un negocio en casa, como suele ser el deseo de muchos pequeños emprendimientos. Además, incumplir tales leyes y normas puede generar altísimas multas y castigos.

Estas simples elucubraciones, generalidades de tópicos respecto al tema, tienen el propósito de facilitar su comprensión al respecto. Sin embargo, es imperante incursionar en los aspectos relevantes y, aunque teóricos, importantes, pues sólo así se podrá llevar a cabo el proceso de emprendimiento con mayores visos de éxito.

De tal suerte, revisaremos el **ámbito administrativo** de ese probable negocio que muy sutilmente ha empezado a tomar forma en nuestra mente o que desde rato ya tenemos más o menos definido.

El ámbito de la administración de empresas

Resulta esencial saber que la administración es un proceso de trabajo dinámico que exige realizar las actividades de planeación, organización, integración, dirección y control, en pos de asegurar y consolidar el desarrollo de la empresa dentro del mercado y alcanzar los objetivos propuestos.

Dicho proceso se divide en dos grandes áreas. El trabajo de escritorio y el trabajo práctico o de campo. En nuestro caso, de mercado.

Planeación y organización son tareas que con base en la información que obtenemos a través de la investigación dentro del mercado, recurriendo a prensa y revistas, la Internet, los probables clientes y consumidores, las municipalidades, el propio gobierno y hasta la institución responsable de velar por el clima, cuando tal resulta menester, y que hemos asentado paulatinamente sobre papel o en el ordenador, de manera práctica y concisa, con orden, finalmente utilizamos para describir un negocio que inferimos puede ser probable a futuro. Es decir, elaboramos un plan de negocio.

Dichos planes identifican y describen, con sus respectivos costos, las áreas funcionales necesarias a implementar para llevar a cabo las operaciones normales de la empresa y asegurar el logro de los objetivos. Deberá incluir su organigrama, las descripciones y perfiles de puestos, horarios de atención, días de servicio al público, cantidad de personal, medios de pago aceptados, sueldos por pagar, metros cuadrados de exhibición, de producción, estacionamiento y demás, identificando, describiendo y costeando con precisión cada uno de ellos, incluso energía eléctrica, servicios de seguridad y tantos más, para cuando menos el periodo de un año.

En síntesis, los planes describen en tinta todos los recursos, tiempo incluso, que serán necesarios para que la empresa funcione en dirección al logro de un objetivo. Objetivo mismo, por cierto, que sólo podemos conocer conforme estructuramos dicho plan.

Plasmamos en papel las actividades y los recursos que serán necesarias al momento de llegar a la **integración, la dirección y el control** reales, y que conducirán al logro del objetivo.

Como podemos inferir en este momento, los recursos necesarios para alcanzar un objetivo en ventas de 1, 000,000 de unidades para cierto producto y mercado en un mes, diferirán considerablemente de los necesarios para lograr un objetivo de ventas de sólo 10,000 de tales unidades en el mismo mercado.

Así, en casa incluso, mucho antes de abrir o iniciar alguna empresa, pero necesariamente investigando el mercado, se asienta en papeles aunque de manera somera la descripción del proceso administrativo de la empresa o negocio. La tarea más cómoda del ámbito empresarial, pero la más importante y delicada sin duda alguna, pues en esta misma se determina la factibilidad del proyecto.

Como ha de percibir el lector, el proceso de administración efectivamente no es lineal, pues incluso durante la planeación misma tenemos que estar conscientes de los controles que necesitaremos en el futuro, tanto como su funcionamiento y costo, como ejemplo.

De tal, prevemos que al mismo tiempo que se planea y organiza, así también se integra e inicia la dirección tanto como el control del logro de los objetivos, aunque sólo en términos de conciencia. Es decir, debemos anticipar que para hacer realidad, por ejemplo, cierta ruta de ventas en el mediano plazo, incurriremos en ciertos desembolsos financieros, por lo que asegurar previo de dónde se obtendrán dichos recursos es imprescindible.

Por supuesto, todos los ingresos de la empresa provienen de sus ventas, pero la distribución de tales ingresos, en forma de presupuestos, debe saberse y por ende hacerse con antelación. Es decir, debemos planearla.

Luego, la dirección guía y lidera el esfuerzo colectivo de la empresa en pos de las metas y los objetivos asentados, siguiendo en la medida de lo posible el curso que la estrategia asentada durante la planeación dicta. Y es, "en la medida de lo posible", anticipando que toda estrategia debe permitir cierta holgura en su ejecución, pues es razonable que el ámbito del escritorio hoy, diste no pocas veces del ámbito real en el mercado futuro, dada la vertiginosa dinámica de cambio en estos. Máxime durante la primera vez.

¡Uops...! Pero, ¿qué es eso de estrategia?

Veamos. Como consecuencia de nuestra investigación, en determinado momento debe sernos factible obtener información que nos indique:
- Qué es y será necesario hacer
- Con qué recursos, tiempo entre ellos
- Cuánto nos costará
- Cuántos consumidores compran y cuánto compran al año
- A qué precios compran

Dicha información, plasmada y ordenada de acuerdo a la secuencia lógica que el proyecto de negocio impone, y que sólo podemos descubrir o deducir conforme investigamos, permite finalmente, más allá de responder las interrogantes previas, establecer un objetivo de ventas.

Sí. Un objetivo de ventas que indique la cantidad de unidades que debemos vender a determinado precio y durante cierto lapso específico.

21

Pero, ¿cómo hacer realidad el logro de tal objetivo? Esa es precisamente la estrategia.

La manera cómo tendremos que proceder para alcanzar el objetivo de ventas.

Por supuesto, el primer plan, con su objetivo de ventas y correspondiente estrategia, generalmente diferirá del plan que al final estableceremos como idóneo a implementar, ya que planear nos sirve también para visualizar otras alternativas del cómo hacer lo que debe hacerse.

Así pues, una vez configurada la empresa total en papel, en base con la información recopilada, la sometemos a escrutinio financiero tanto como de mercado y consumidor para determinar su factibilidad de llevarla a la práctica con visos de éxito.

Como vemos, no se ha adquirido una sola máquina o herramienta como tampoco se ha alquilado local comercial alguno ni contratado personas, salvo en papeles, pues previo a la ejecución real es necesario investigar, medir y evaluar el potencial o factibilidad económica financiera del negocio o empresa a través del citado plan.

¿Por qué? Pues generalmente es más económico establecer la probabilidad de éxito de un negocio potencial en papeles que hacerlo realidad y luego esperar a ver qué sucede.

Por supuesto, si el inicio del emprendimiento va a ser tan pequeño como poner una simple venta de pan a las puertas de casa, quizá sea más conveniente comprar el pan, abrir la puerta y empezar a ofrecerlo. Al final de cuentas, la investigación obedece a la necesidad de eficiencia en el manejo de los recursos, principalmente dinero en inversiones que luego no resultan, pero si el monto de inversión es menor al costo de la investigación, no tiene sentido investigar. La lógica debe prevalecer.

Sin embargo, en emprendimientos cuyos montos de inversión inicial superan con creces los miles de dólares, sólo cuando se ha establecido en papeles su rentabilidad, se deberá tomar la decisión de ponerlo en práctica y proceder a la integración de la empresa. A hacerla realidad. Es decir, contar con una ubicación geográfica y un espacio físico real, maquinaria y equipos adecuados, personal, programas de capacitación, escritorios, teléfono y cuenta de correo electrónico, página web, bolígrafos y engrapadora, entre otros cientos de recursos que la empresa requerirá para iniciar operaciones, y que hasta ese momento significan únicamente desembolso. En el mejor de los casos, inversión.

Sin embargo, el componente esencial durante esta fase, como en toda otra del proceso administrativo, lo son los clientes. Los cuales a estas alturas tendremos identificados con alguna precisión, dependiendo del tipo de negocio: al detalle o por mayor.

En el caso del negocio al detalle, los clientes deben estar en el momento de la integración debidamente identificados y descritos como segmento de mercado: con sus hábitos y motivos de compra, sus rasgos de personalidad más característicos, su capacidad de compra y demás; pero de ser el caso de un negocio de mayoreo, dichos clientes, al ser menor cantidad, deben estar identificados con mayor precisión, incluso con sus nombres, dirección, números de teléfono y demás datos relevantes.

Sí. Para un negocio al detalle es imposible llegar a la identificación precisa e individual de cada uno de sus clientes potenciales. Tan sólo es factible anticipar y definir el segmento de clientes a quienes se pretende atender. Así, podrá elegir el segmento de señoras jóvenes, madres de 1 o 2 niños menores de 6 años, con plena solvencia económica, residentes en los alrededores del zoológico y con vehículo propio.

Caso contrario, un negocio que vende por mayor, seguramente ha iniciado su investigación con los mismísimos clientes potenciales, pues son ellos quienes más saben y conocen acerca del mercado, con lo que al momento de hacer realidad la empresa, el emprendedor sabrá con antelación quiénes son sus clientes potenciales. De tal suerte, desde el momento mismo cuando se acercó a ellos para investigar y obtener información, debió ser consciente de que estaba iniciando la construcción de relaciones armónicas.

Así, aunque resulte urgente hacer realidad la empresa a través de la adquisición y reunión de los recursos necesarios, debemos tener en mente la importancia de nuestra relación armónica con los clientes potenciales.

Adicionalmente, debemos tener en mente que los clientes y sus compras, y nada más, son quienes dan vida en realidad al proceso de integración de la empresa.

De tal suerte, la planeación es esencial para el establecimiento de un nuevo negocio. De hecho, la verdadera función de un plan de negocio no sólo es importante sino también amplia y profunda, ya que nos muestra los objetivos, los parámetros por donde se conducirán las acciones para lograrlos, los presupuestos, es decir, lo que nos costará hacerlo, los tiempos o lapsos y, además, nos permite determinar con anticipación las probabilidades de su éxito.

Plan de negocio

Todo plan de negocio es liderado por la estrategia central y por el objetivo de ventas que esta dicta, el cual se plasma también en un pronóstico de ventas anual. El primer plan numérico formal de todo emprendimiento.

El **objetivo de ventas** indica la cantidad de unidades y su precio, que se venderán en un período específico, generalmente un año.

Así, la **estrategia** es la receta de cocina detallada del qué y cómo se desarrollará la gestión, y surge de los datos recopilados, su análisis, la intuición del estratega, sus conversaciones aquí y allá, y demás, pero también de las estrategias y objetivos establecidos para las áreas de:

- Ventas.
- Gestión financiera.
- Comunicación.
- Relación con el mercado.

Dada su importancia, la revisamos con algún detalle mayor.

La estrategia de ventas definirá más allá de objetivos cuantitativos, también lo relacionado a consumidores y clientes a quienes la empresa dirigirá sus productos. Debe indicar el segmento de mercado y cómo ayudará a los clientes a satisfacer sus hábitos y motivos de compra relevantes. La estrategia de gestión financiera revelará lo relacionado a precios, reducción y minimización de costos, márgenes de utilidad y otros, incluso las ofertas y precios promocionales. En cuanto a la estrategia de comunicación, indicará, además de los distintos grupos objetivo, la diferenciación y el posicionamiento que se buscará en el mercado a través de los distintos medios, tanto masivos como personales. Finalmente, la estrategia de relación con el mercado revelará la manera como construiremos relaciones armónicas con la comunidad, incluso a través de los colaboradores.

Luego, el **pronóstico de ventas** refleja el monto anual de ventas en unidades que se tiene como objetivo. Aunque tales

25

deben presentarse distribuidas a lo largo de los meses y semanas del año conforme a la estacionalidad de la demanda del producto, las diferentes metas y lo que la estrategia dicta para alcanzar el objetivo.

El **presupuesto de ventas** por su parte, es el pronóstico de ventas debidamente cuantificado, es decir, con el precio de venta y los costos que hacerlo realidad implican.

La **visión** describirá en un pequeño párrafo de pocos renglones los sueños y anhelos a futuro de la empresa. Lo que dicha anhela llegar a ser como tal, aunque siempre debe ser así, un anhelo.

La **misión** por su lado es eso precisamente. El porqué de la empresa. Su razón de ser. Es decir, qué hace, cómo lo hace y para quién lo hace, tanto como la manera como quiere ser reconocida por la sociedad.

En relación con la producción y sus planes, que como pueden notar no se incluyen en la estrategia central, idealmente son consecuencia y no origen, pues, idealmente, reitero, se debe producir lo que la empresa es capaz de vender en el mercado.

Por supuesto, es factible que la capacidad fabril sea más pequeña de lo que la demanda del mercado presenta, con lo que será necesaria la producción de un producto altamente diferenciado que, obteniendo mayor valor agregado, alcance un precio superior, y por ende una menor demanda, pero más alta rentabilidad. La diferencia entre volumen de ventas o participación de mercado y ventas dosificadas con mayor rentabilidad.

En cuanto al objetivo de ventas, el más importante de toda gestión comercial, sabemos que su logro será factible solamente a través del logro de otros objetivos previos, más pequeños, que poseen un solo propósito: incidir en el logro de ese objetivo mayor. Esos pequeños objetivos que apalancan ese mayor son las **metas**.

Dada la estructura organizacional jerárquica de la empresa, encontramos planes con objetivos desde los ámbitos más esenciales y técnicos, tal el caso del vendedor que realiza sus planes mensuales, semanales y diarios de venta para lograr el objetivo que la gerencia de ventas le asigna para el año, hasta los planes estratégicos de la alta dirección que apuntan hacia 5, 10 o 20 años al futuro.

Otros planes conocidos y útiles, según el caso, son: **el plan de marca,** que aglutinará lo relevante a cada una de las marcas de la empresa; el **plan de producto**, que lo hará con lo relevante a cada uno de los productos que comercializa; y el **plan de mercado**, que corresponde a los distintos mercados en que opera.

Una empresa que sólo posee un producto con una marca dentro de un mismo mercado, tendrá un único plan de mercadeo que indicará lo concerniente al mercado, consumidores y clientes, mezcla de mercadeo, objetivos de ventas, plan de comercialización y estrategia de mercadotecnia.

De ser el caso que la empresa cuente con dos o tres presentaciones del mismo producto para un mismo mercado, podrá incluirlos en un solo plan de mercadeo. Sin embargo, si cada presentación está dirigida a distintos mercados, entonces necesitará un plan específico para cada uno.

En el caso de dos o más productos distintos, como lo pueden ser zapatos y ropa, o comida servida y comida para llevar o venta al detalle y venta por mayor, debe realizar un plan de mercadeo para cada uno de ellos. De igual manera, si la empresa maneja más de una marca, elaborará un plan para cada una.

Respecto a la estructura de un plan de negocio o mercadeo existen varios modelos, sin embargo, debe contar cuando menos con:

- Resumen
- Análisis de situación
  o Antecedentes

- ○   Previsiones
- ○   Análisis FODA
- Estrategia central
- Objetivos de ventas, gestión financiera, comunicación y relación con el mercado
  - Metas
  - Plan Operativo

El **Resumen** o esencia del plan, el cual estará plasmado en pocas páginas, dos a lo sumo, con un texto conciso que permita comprender rápidamente qué persigue el plan y cómo lo logrará. Quizá con un índice general.

Análisis de situación. Dado que nos encontramos en el inicio de un nuevo negocio, este apartado reflejará la información relevante al entorno que ha existido desde poco antes de haber iniciado nuestra investigación. Así, los **antecedentes** reflejarán una breve descripción de lo que ha sucedido en el mercado durante los meses previos, en términos generales, pues no ha existido empresa aún. Sin embargo, sí mencionará los cambios y fenómenos que se suscitaron, y que pueden tener incidencia en los resultados o en los pronósticos. De tal suerte, se entrelaza con las **previsiones**, las cuales detallan qué puede suceder en los ambientes macro y micro de la empresa durante el siguiente período. Uno de los objetivos de este análisis es contar con elementos de juicio que nos indiquen las fortalezas con que contaremos o que necesitamos para aprovechar las oportunidades que se prevén, tanto como nuestras debilidades para afrontar las amenazas.

Este análisis, eminentemente cualitativo, explica o justifica la segunda parte, es decir, nuestra **estrategia central** y sus objetivos de ventas, gestión financiera, comunicación y de relación con el mercado.

Se plasman también las metas. Tanto de utilidad como de incursión en nuevos mercados, de disminución de costos, de precios, de innovación y desarrollo de productos y de toda otra acción de mercadotecnia que incida positivamente en el intercambio, como lo puede ser un nuevo envase, empaque o presentación.

Estas metas deberán estar debidamente razonadas y apalancadas para garantizar su ejecución y logro. Por ejemplo, un cambio de envase deberá justificarse, y a la vez planearse su ejecución para una fecha determinada, y plantearse los objetivos de su modificación, sean financieros, de posicionamiento u otro, pues de no esperar cambios positivos con dicho nuevo empaque, no tendrá sentido realizarlo. Dicho cambio debe pues tener una razón de ser. Un motivo.

Como anexo al plan de mercadeo podemos incorporar el **plan operativo** propiamente, o programa. Una estructura similar a la que se propone a continuación.

En una hoja a 6 columnas describimos en cada una de ellas:
1. Los distintos objetivos propuestos, iniciando con el pronóstico de ventas.
2. Los recursos de diferente índole que necesitaremos para lograrlos.
3. La persona o equipo responsable.
4. La fecha de inicio y final para su ejecución,
5. El costo de cada una de esas acciones
6. El rendimiento que se espera de ellas o la razón por la cual se llevarán a cabo.

Generalmente, el plan de mercadeo se realiza para un año calendario, sin embargo, es conveniente trazarlo también a mayor plazo para evaluar la gestión más allá, aunque ajustándolo anualmente conforme a los nuevos retos y oportunidades que continuamente surgen.

Productos de consumo mundial tal como café en grano, petróleo, cemento para construcción, hierro y similares tendrán necesidad de contar con planes y estrategias a mucho mayor plazo, tan lejos en el tiempo como 10, 20 o 30 años. Incluso, 50.

Organigramas

Como parte esencial de la planeación debe preverse también el organigrama ideal de la empresa. Es decir, los puestos claves necesarios en la organización para atender con eficiencia los procesos de intercambio y de generación de relaciones armónicas y beneficios mutuos, en pos del objetivo.

De tal suerte, en tanto se planea, debe pensarse en paralelo en la estructura organizacional que facilitará el logro de los objetivos tanto como el desarrollo de la empresa dentro del mercado.

A manera de ejemplo, se presenta el siguiente modelo básico:

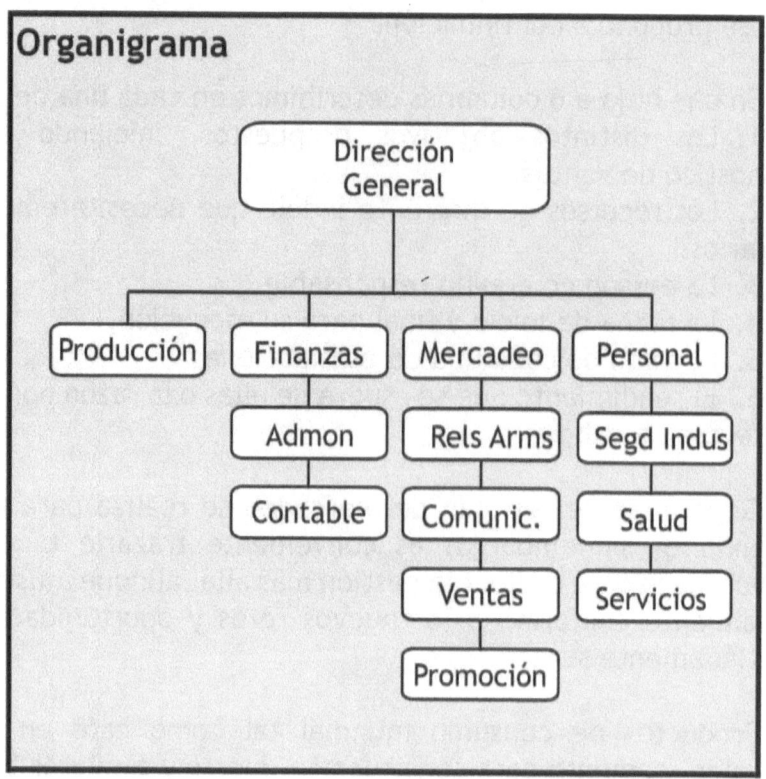

La importancia de concebir y plasmar un organigrama obedece a la necesidad de descubrir, describir y delimitar con precisión y en su totalidad las áreas funcionales que la empresa requiere para ese citado logro de objetivos y desarrollo dentro del mercado.

El dibujo en sí, el gráfico del organigrama, debe ser simplemente resultado de un análisis profundo acerca de la estructura organizacional que con mayor eficiencia logrará los objetivos establecidos.

Quizá producción no resulte relevante. Sea porque nos abastecemos desde un proveedor externo o porque nos desenvolvemos en el ámbito de los servicios, con lo que en su lugar podrá haber un departamento de compras, a sabiendas que no será de materias primas sino de producto terminado, el cual utilizaremos como inventario para la reventa o como productos-herramienta para producir momentos-satisfactores. Quizá, también, el mercado en el que se opera no requiere de mayor esfuerzo en servicio al cliente, pero sí en ventas, con lo que la prioridad será este último departamento.

En todo caso, reitero, lo que se persigue con la concepción de un organigrama es la identificación de las distintas funciones a realizar, la autoridad y la responsabilidad correspondientes a cada posición, tanto como el perfil y habilidades y conocimientos necesarios en las personas que ocuparán las distintas plazas, al igual que la cantidad de las mismas.

Como consecuencia del organigrama será factible entonces establecer con mayor precisión los perfiles de personal tanto como los manuales de normas y procedimientos, los programas de capacitación, los sueldos y tanto más de lo que resulta estrechamente ligado con los colaboradores.

A continuación se presenta otra alternativa de organigrama con el propósito de señalar la versatilidad de los mismos, a sabiendas de que su importancia radica en su eficiencia para asegurar el logro de los objetivos.

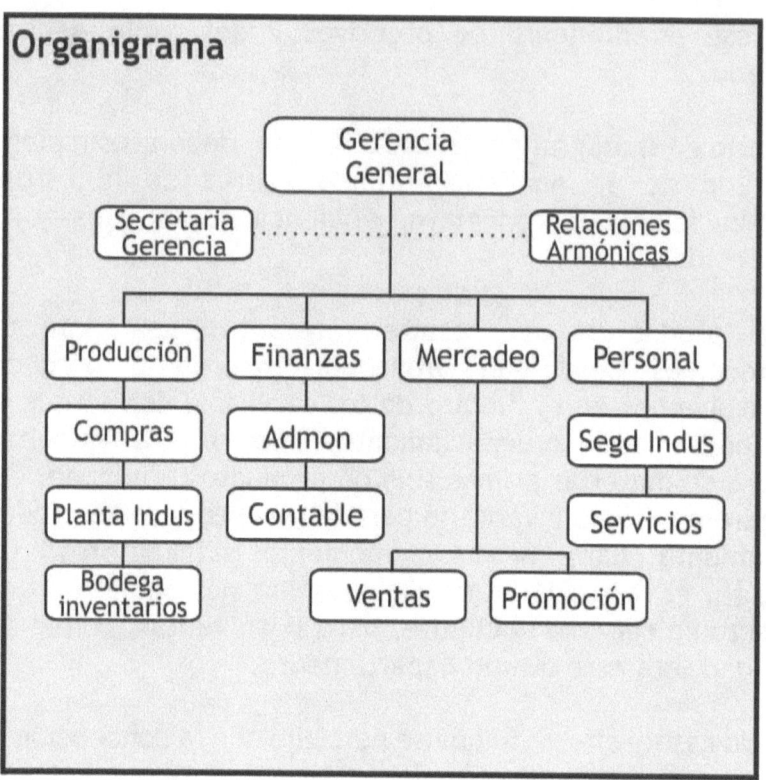

Organigrama

- Gerencia General
  - Secretaria Gerencia
  - Relaciones Armónicas
  - Producción
    - Compras
    - Planta Indus
    - Bodega inventarios
  - Finanzas
    - Admon
    - Contable
  - Mercadeo
    - Ventas
    - Promoción
  - Personal
    - Segd Indus
    - Servicios

Una vez revisados muy someramente estos términos, y a sabiendas que también es propósito de esta propuesta ayudarle incluso a administrar de la mejor manera sus recursos, es necesario en este momento advertir y profundizar en que todos aquellos recursos de los cuales usted dispone o disponga, entre otros, maquinaria y equipo, herramientas, camiones, dinero, tiempo, tecnología digital y otros, es primordialmente importante que operen y funcionen con total armonía entre sí. Con absoluta sinergia, en pos de un solo objetivo. Sin embargo, para manejar u operar todos esos recursos, requerirá personas. Seres humanos.

Los recursos son totalmente inertes sin la mano de un ser humano. De tal suerte, es desde adentro de la empresa donde debe iniciarse la construcción de relaciones armónicas. Con sus compañeros de trabajo, quienes en primera instancia forman y hacen lo que es: la empresa, pues sólo así los recursos tendrán alguna utilidad. Contando con la voluntad, el entusiasmo y la capacidad de sus colaboradores para lograrlo.

La administración debe contar entonces con manuales de normas y procedimientos que indiquen de manera precisa y exacta las tareas y responsabilidades de cada uno de los colaboradores de la empresa, al igual que programas de incentivos y desarrollo, pero esencialmente, con la capacidad para construir relaciones armónicas.

Hecho el paréntesis, sabemos que la teoría administrativa es muchísimo más amplia y profunda de lo que acá se ha expuesto, por lo que se sugiere la lectura complementaria del tema desde otras fuentes, aunque sólo después de que haya terminado de leer la presente, ya que no existe una barrera absoluta que delimite el mercadeo de la administración, sino más bien, mercadeo es una manera de administrar, por lo que conforme a su lectura de las siguientes páginas, usted descubrirá en éste importantes conceptos de administración vertidos desde el ángulo del mercadeo propiamente.

Sin embargo, es de vital importancia reiterar en este instante que la organización, toda, es decir, todas y cada una de las personas que la integran, deben conocer y estar conscientes permanentemente de la importancia de su labor dentro de la empresa en pro de las relaciones armónicas, los beneficios mutuos y la creación e intercambio de satisfactores con la comunidad, como filosofía de pensamiento administrativo que conducirá hacia el logro de los objetivos.

Desde los puestos más alejados del cliente, como lo puede ser quien empaca el producto al salir de la línea de producción o quien pone los botones del jeans, deben saber que tal empaque o botón llegarán tarde o temprano ante el cliente, y por ende, deben cumplir con los estándares y requerimientos de calidad que al respecto la alta dirección ha establecido y ha asentado con claridad en los manuales respectivos.

La organización pues, tal como refleja el siguiente gráfico, debe estar inmersa en la piedra angular de su pensamiento administrativo. En principio, el que se propone, pero si la alta dirección prevé necesarios otros que complementen mejor, de igual manera deben llevarse y hacerse del conocimiento y conciencia plena de todos los colaboradores.

Con esta breve sinopsis del quehacer administrativo, y a sabiendas que la elaboración del plan de negocio exige como premisa esencial investigar, conocer y comprender el funcionamiento del mercado, para luego planear, organizar, integrar, dirigir y controlar la empresa en papeles, revisamos ahora importantes conceptos sobre los mercados propiamente, e inmediatamente después, acerca de sus principales actores y la manera cómo estos interactúan entre sí para dar origen a la dinámica de compra-venta y consumo.

Mercados y Conceptos

Partimos desde la definición de **mercado** como cierta cantidad de personas que habitan una región geográfica determinada y poseen dinero y disposición a comprar. Un país es un mercado. La región del Cono Sur, en América, es otro. La comunidad de la Unión Europea. La población de El Tumbador, allá en San Marcos, Guatemala, también lo es. Todo mundo, toda la gente dentro de cierto territorio geográfico es un mercado, siempre y cuando cuenten con recursos para llevar a cabo el intercambio, comúnmente dinero, pero también la predisposición para hacer dicho intercambio.

Segmentación de mercados

Sin embargo, atender a todo el mercado global, general, incluso dentro de cierto territorio geográfico pequeño, como lo puede ser cualquier pueblo del área rural, resulta en un claro desperdicio de recursos y desaprovechamiento de oportunidades por la diversidad de personas que lo componen. De tal suerte, es preciso **segmentar**. Desintegrar ese mercado disperso, masivo y heterogéneo: de niños, ancianos, jóvenes, profesionales, agricultores y campesinos, entre otros, en segmentos de mercado más pequeños y homogéneos. Sólo de ancianos. O de profesionales. O amas de casa. Es decir, en grupos de personas que poseen características demográficas, económicas, sociales y sicológicas similares entre sí, favorables a nuestro producto-satisfactor y a nuestro propósito de comunicación y relación armónica.

Pero amas de casa aún es muy amplio, por lo que podemos decidir: amas de casa que habitan en la ciudad capital. O poco más aún: amas de casa que habitan en las zonas periféricas de la ciudad. Y más: amas de casa con niños pequeños, habitantes de las zonas periféricas de la ciudad.

De igual manera, la empresa fabricante de limpiador de pisos que en una incipiente pero válida segmentación primaria ha llevado a lanzar dos presentaciones de producto en cuanto a tamaño. Una en envase pequeño, adecuado para el consumo en el hogar, y otra, en envase de mayor tamaño, para las organizaciones tales como fábricas, hospitales y hoteles.

Sí. Las amas de casa, o quien compra para el hogar, compra de manera muy distinta a cómo compran las organizaciones. Tanto en cantidades como en términos de precio, entrega, etiquetas, servicio y demás.

De igual manera, una vez existe la empresa fabricante de limpiador de piso y los equipos y recursos necesarios para comercializarlo, tales como vendedores, bodega, despachadores, distribución y, lo primordial, lo más importante, clientes intermediarios mayoristas y detallistas que ayuden a trasladar el producto hacia el consumidor final, se puede ampliar la línea de productos agregando otros aromas y otras presentaciones. Incluso otro limpiador de pisos. Otro producto totalmente nuevo. Con otra marca, otra presentación y otro precio, para un nuevo segmento dentro del mismo mercado de consumo. Probablemente, otro segmento de amas de casa con mayores ingresos económicos, y por ende con mejores pisos, y por lo tanto con la necesidad de mejores productos para sus mejores pisos.

Incluso, podemos fabricar limpiadores de pisos también para otras empresas que lo requieran como maquila solamente, y sean ellos quienes pongan su propia marca y realicen su propio mercadeo, tal como las marcas propias de las grandes cadenas de almacenes de hoy día, Wallmart entre ellas.

En esencia, el proceso de segmentación divide un mercado mayor y heterogéneo en porciones homogéneas más pequeñas a las cuales dirigirse y dedicarse con mayor eficiencia, a través de una estrategia de mercadotecnia específica a cada una de ellas.

Sí, la empresa fabricante de limpiadores de pisos deberá tener una estrategia de mercadotecnia para su producto de bajo precio y otra estrategia para su producto de alto valor. De igual manera, otra específica a su presentación industrial destinada a organizaciones y, finalmente, aunque no con tantas variables, también requerirá de otra para el producto que maquila.

Mercados de deseos y de necesidades

Resulta imperante también identificar a los mercados desde la perspectiva del continuo emocional-racional. ¿Es un mercado de necesidades o un mercado de deseos? ¿Es el mercado sumamente sensible a precio o, por lo contrario, lo es a moda, glamur, exclusividad y lujo? Precios bajos y productos de lujo son mercados opuestos, aunque unidos por un largo continuo.

El mercado de deseos compra productos-satisfactores que poseen muchísimos valores agregados, tanto tangibles como intangibles, tal el caso de la durabilidad, entre los primeros, y la imagen, entre los segundos. Y son tantos esos valores agregados que no sólo resultan siendo sumamente apetecidos por los mercados sino, por supuesto, los pagan mucho mejor. Es un mercado emocional, aunque generalmente procura justificarse en la calidad y la durabilidad como motivos racionales de compra.

Por su parte, el mercado de necesidades tiende a ser mucho más racional, los valores agregados son mínimos y el precio impera en la conducta y toma de decisión de compra del consumidor.

Sin embargo, debemos tomar en cuenta también que un jeans de US $ 20.00 puede ser una baratija para alguien cuyo estilo de vida esté regido por el lujo, la exclusividad y la ostentación, aunque no posea dinero. Pero esos mismos jeans de US $ 20.00 pueden ser la compra excepcional del año para otra persona cuyo estilo de vida es discreto y sencillo, aunque tenga dinero de sobra en el bolsillo. Lo ideal, por supuesto, en el caso que vendamos jeans de US $ 20.00, es que hayamos realizado previo una segmentación de mercado que nos permita dirigirnos específicamente a clientes que compran jeans de US $ 20.00 como algo cotidiano y normal. No como lujo ni como baratija;

aunque sabemos, siempre habrá excepciones. Pero las excepciones, eso son.

Por supuesto, en el mercado de los deseos, aunque el precio tiene menor objeción o resistencia, en ningún momento el cliente pagará mucho más por el mismo producto en igualdad de circunstancias. Un automóvil Ferrari nuevo, de precio regular US $1,000,000.00 en Los Ángeles, California, no podremos venderlo en $ US 1,200.000.00 en Los Ángeles, California, salvo que pretendamos engañar al cliente y estemos dispuestos a venderle sólo una vez o que dentro del precio mayor se incluya el mantenimiento de por vida para el auto, algún seguro contra accidentes u otros valores agregados que le confieran tanto valor como para hacer de su precio superior algo normal y aceptable.

Resulta preciso señalar también la perspectiva generalmente aceptada respecto a necesidades y deseos, la cual indica que un deseo es una necesidad elaborada. Me explico. El hambre es una necesidad, con lo que comer cinco tortillas de maíz y un vaso con agua podrían ser el satisfactor ideal; sin embargo, cuando lo que pretendo para saciar dicha hambre, dicha necesidad, son camarones en salsa de tomate y una bebida carbonatada con hielo, entonces estoy satisfaciendo un deseo. Máxime si también lo quiero comer a la orilla del mar.

A lo largo de éste identifico a tales deseos como necesidades elaboradas. Necesidades que el consumidor les da una forma específica. O el fabricante o vendedor.

Estacionalidad de la demanda

La estacionalidad de la demanda es la variación que presenta la demanda de determinada categoría de producto-satisfactor durante ciertas horas a lo largo del día o ciertos días a lo largo de la semana o semanas a lo largo de meses o meses a lo largo de años, según el caso.

La importancia de conocerla radica en que nos brinda información acerca de los lapsos cuando se presentan los picos altos de venta tanto como los descensos drásticos, y sus valores, para determinada categoría de producto-satisfactor, dentro de un mercado específico.

El uso del transporte público presenta ciertos picos durante la mañana, el mediodía y la tarde noche como consecuencia del ingreso y egreso de las personas a sus trabajos y centros de estudio. Los cohetes o petardos que aún se queman en Guatemala presentan picos altísimos en su demanda durante las fiestas de navidad y año nuevo. Las calzonetas, protectores solares y bronceadores, los tienen durante el verano, contrario a gorras de lana, paraguas y bufandas, que lo tienen durante el invierno.

Conocer la estacionalidad de la demanda nos ayuda a planear los lanzamientos de producto, prever nuestras ventas, compras de materias primas, requerimientos de mano de obra y demás recursos, así como los flujos de efectivo, tanto necesarios como a generarse.

De tal suerte, en el hipotético caso de jeans, el trimestre enero-marzo quizá represente el 20%, abril-junio el 25%, julio-septiembre el 15% y octubre-diciembre el 40% restante, en determinado mercado.

Sin embargo, cuando iniciamos un negocio, debemos reducir esos lapsos a meses, semanas y días, para cuando menos el primer trimestre, cuando no todo el semestre, pues en ese inicio de operaciones el control de resultados es esencial mantenerlo estrecho día a día.

Consumismo
El término hace referencia a una conducta del consumidor totalmente alejada de toda racionalidad en sus compras y su consumo. Básicamente, se refiere al hecho de comprar por comprar, sin ninguna necesidad más que dar rienda suelta a un deseo intenso de ostentar a través del consumo. De acuerdo con la RAE, es la tendencia inmoderada a adquirir, gastar o consumir bienes, no siempre necesarios.

Si bien es cierto el mercadeo influye en dicha conducta del consumidor, también lo es que sólo puede hacerlo despertando los motivos latentes dentro de él, por lo que no es responsable de la adicción a la compra y al consumo propiamente sino, como en todo caso, un facilitador, tal cual debe serlo por filosofía administrativa y desarrollo social, para el mercado.

El consumismo pues, obedece a razones emocionales individuales. A patrones y desequilibrios mentales que resultan más bien propios del estudio clínico psicológico, tal cual las adicciones.

Consumerismo

Por su lado, el consumerismo, a pesar de no figurar aún en el diccionario de la Real Academia Española, se refiere a un movimiento social cuyos orígenes datan desde la década de 1960, y que vela por la soberanía y defensa del consumidor. Pregona un consumo responsable, ético y solidario, tanto como la observancia del origen, la procedencia y la repercusión en el ambiente de los productos y las empresas, obligando a aquellas que carecen de una filosofía de pensamiento evolucionario, a reconsiderar sus métodos y procesos, so pena de castigo mediante no compras e incluso denuncia ante tribunales competentes en el ámbito correspondiente.

Entre las prácticas administrativas más rechazadas y vigiladas por la comunidad y la sociedad encontramos la falta de respeto a los derechos humanos del niño, la mujer y los ancianos, principalmente; daños al medio ambiente, maltrato animal y toda otra práctica incongruente con el desarrollo social y la evolución del ser humano.

La legislación fruto de este movimiento respecto de la protección del consumidor es, lamentablemente, aún incipiente e incompleta en la mayoría de países latinoamericanos, con lo que los integrantes de la comunidad tanto como las empresas visionarias y con filosofía de pensamiento tal cual acá se expone, se encuentran desprotegidos desde distintos puntos de vista, principalmente por la competencia desleal que representan aquellas empresas que persiguen fines sin importarles los medios. Sin embargo, será siempre la comunidad misma quien aplauda con sus compras o condene con su indiferencia, y no pocas veces, denuncia, la irresponsabilidad empresarial.

Mercados cautivos

Como mercado cautivo definimos aquellos grupos cerrados de consumidores que están sujetos o cautivos a un solo proveedor, cual monopolio, operando en pequeños o diminutos territorios geográficos bien definidos e incluso restringidos abiertamente para todo otro proveedor por algún administrador o autoridad interna.

Los encontramos en colegios, tanto como en las prisiones, grandes fábricas y empresas aisladas, clubes, zoológicos, salas de cine, iglesias y demás organizaciones que reciben la visita de numerosas personas para satisfacer determinada necesidad en particular, pero que una vez en ellas, se ven en la necesidad de satisfacer otras, principalmente de carácter instintivo o innato, tal como beber, comer, refrescarse y similares, contando para el efecto sólo con un proveedor posible.

Muchas empresas, dada esa condición de cautividad de sus clientes, terminan "aprovechándose" de la situación, en un pésimo entendido de lo que es aprovechar, pues lejos de actuar cual déspotas monopolistas con sus clientes cautivos, deberían realmente aprovechar esa oportunidad para darse a conocer con ellos y luego expandir sus operaciones hacia el mercado externo. Mucho más amplio y con posibilidades inconmensurables de crecimiento.

Este tipo de mercados representa gran utilidad como mercado de prueba o fuente de información para nuevos productos, pues someterlos a prueba en los tales, que son cerrados, aseguran no sólo una rápida obtención de información sino también proteger la imagen de la marca, de ser el caso.

Clientes a largo plazo

Ninguna empresa orientada profesionalmente al mercadeo estará interesada en venderle una sola vez al cliente.

De hecho, las ventas nunca serán prioridad para una empresa orientada al mercadeo, ya que esta filosofía de administración da por sentado que las ventas son consecuencia de la relación armónica de la empresa con la comunidad y su capacidad para ofrecer beneficios a intercambiar.

Dado que toda relación armónica sólo es posible plantearla como un propósito a largo plazo, máxime que de ella dependen las ventas de la empresa, y por ende, su desarrollo y el de la sociedad, interesan pues clientes a largo plazo. Para toda la vida, de ser posible. Y para ello es esencial generar y mantener estrechos vínculos de respeto y confianza, a través de nuestra entrega de productos-satisfactores de calidad, a precios justos y en condiciones mutuamente favorables, cuando menos.

Por supuesto, el servicio y la atención personalizada así como toda la gama de valores agregados posibles, principalmente aquellos que sólo la calidad humana es capaz de generar, resultan esenciales constantemente para asegurar la construcción de esa relación a largo plazo con el cliente. Aunque no suficientes, por lo que es preciso mantener la calidad, precios justos, normas de responsabilidad social empresarial y, principalmente, absoluta honestidad en la relación.

Diferenciación

Perseguir constantemente ser diferentes dentro del mercado es una de los más importantes objetivos de mercadotecnia a seguir. Por supuesto, no sólo diferente sino también más, mejor, superiores, en relación con la competencia.

De hecho, mucho del éxito de la gestión del estratega estará apalancado, entre otras, por la capacidad de la empresa para:
- Construir relaciones armónicas
- Administrar las finanzas
- Diferenciar sus productos

Así, cada valor agregado o servicio que adicione a su oferta de producto-satisfactor debe incidir positiva y constructivamente en tal diferenciación ante la vista y la percepción del cliente, aunque también en su satisfacción.

Ser diferentes porque trabajamos una extensa línea de productos o porque lo hacemos con una sola pero con total amplitud y profundidad. Ser diferentes por la procedencia de nuestros productos y la utilidad de lugar que proporcionamos o por la comodidad que ofrecemos. Incluso lo podemos ser por la calidad del servicio personal que proporcionamos o por el servicio de atención en general, como lo sería abrir nuestras puertas una hora antes que la competencia y cerrarlas una hora después que la misma.

En ser diferentes radica muchísimo el logro de nuestros objetivos. Afortunadamente, dicha diferenciación depende muchísimo más de nuestra creatividad que de nuestros recursos financieros. Por supuesto, será a partir del mercado y de la competencia como podremos saber cómo ser diferentes, pues sin ellos como parámetro es imposible.

¿Intentarán imitarnos? Por supuesto que sí. El imitar es una de las faenas más comunes y fáciles en todo ámbito, por tanto, ser líder implica innovar constantemente, incluso más allá de la misma dinámica que el mercado presenta, como única alternativa para mantenerse en la cúspide. Además, debemos tomar en cuenta que en la misma medida que nuestra diferenciación radique en bases complejas construidas a lo largo de años de constancia, y no en una simple y burda improvisación, mejores posibilidades de consolidación tendremos, y menos la competencia de imitarnos. El prestigio de una marca es una sólida diferenciación, sin embargo, construirla requiere sumo esfuerzo.

El status quo no existe en el mercado, y por ende, tampoco en el mercadeo. El cambio constante es la principal característica de un mercado, principalmente porque está formado por seres humanos influenciables, soñadores, racionales, imaginativos, pensantes, pero nunca estáticos.

Sin duda, la principal cualidad del estratega es saber ver, escuchar, leer, vigilar, entender y atender el mercado. Y en el mejor de los casos, anticiparse a los hechos procediendo y actuando antes de los inexorables puntos de inflexión que los imprevistos ocasionan, aunque de no ser posible, respondiendo de la manera más oportuna. Evitando a toda costa hacerlo tarde, o peor aún, nunca.

Asomándonos a esa parte propia de la sicología del consumidor por la que la mercadotecnia vela y que llamamos motivos, debemos reconocer que en determinado momento podemos apelar a diferenciar nuestros productos sólo en la mente del consumidor, adecuándolos en nuestra estrategia de comunicación a lo que ellos buscan, y más allá, necesitan. Necesitan tanto, incluso, como para adoptarlos fielmente, y hacerlos parte de ellos.

Así, un limpiador de pisos puede ser el mejor limpiador de pisos que exista para la señora que en su casa tiene los mejores pisos que existen, y finalmente terminé percibiendo en dicho limpiador de pisos un poder mágico sobrenatural que le permita lucir sus lindos pisos.

Bien, es importante también conocer acerca de la vida y desarrollo que los productos alcanzan en el mercado, aunque en realidad sean sumamente escasos los productos que logran alguna amplitud en tal sentido, ya que muchísimos desaparecen en el término del primer año de su creación. A continuación revisamos lo concerniente al ciclo de vida de los productos.

Ciclo de Vida del Producto
Todo producto presenta un ciclo de vida a partir de su ingreso al mercado, y el estar atento a su comportamiento, a las siempre dinámicas y cambiantes exigencias del mercado y al desarrollo de las innovaciones necesarias, será lo que nos ayude a

mantenerlo con vida dentro del mismo, hasta cuando logre valerse por sí solo. De lograrlo.

Generalmente, identificamos 4 etapas en el ciclo de vida de la categoría de un producto: La introducción, el crecimiento, la madurez y la declinación o muerte.

Sin embargo, es necesario revisar la etapa anterior a su introducción. El tiempo y los recursos que previo a incursionar en el mercado todo producto requiere. Sí, la fase de investigación y desarrollo del producto en ciernes dentro de la empresa, desde la concepción de su idea hasta las últimas pruebas de envase, etiqueta y demás que le acompañarán en el mercado, es un largo proceso que conlleva todo tipo de recursos, principalmente tiempo y dinero. Y que veremos con mayor detenimiento páginas adelante.

La fase de introducción exige una alta inversión de recursos financieros, principalmente destinados a publicidad y promoción, dada la urgencia de dar a conocer el producto en el mercado para generar su demanda; por lo tanto, no hay utilidades o son muy bajas, y el nivel de control necesario exige constante dinámica y atención por parte del personal involucrado en la comercialización del producto. Consecuentemente, stress.

Superada esta introducción, que puede durar desde un día hasta un año o más, dependiendo de la categoría de producto, puede llegar la etapa de crecimiento, donde dicho genera constantemente mayores ventas, por ende, alta participación de mercado tanto como utilidades. Sin embargo, es preciso resaltar que muchísimos productos no llegan a esta etapa. Mueren durante la introducción misma.

Con el paso del tiempo, y las actividades de mercadotecnia, el producto puede llegar a la etapa de madurez, en la cual las ventas alcanzarán su máximo nivel, serán estables y generarán excelentes utilidades tanto como flujos de efectivo constantes.

Finalmente, de no haber llevado a cabo alguna estrategia previamente en pro de su continuidad en el mercado, sea algún relanzamiento o sustituirlo con uno nuevo y mejor, el producto finalmente decrece en sus ventas y muere.

Sin embargo, es preciso esclarecer que en el pasado reciente no pocos productos eran planeados para morir en determinado momento: obsolescencia planeada. Con el propósito de obligar al consumidor a comprar el nuevo producto que lo sustituirá. Sin embargo, dicha práctica miope, finalmente ha empezado a ser castigada en ciertos países como una práctica de mercadeo poco ética y desleal, ya que atenta contra la economía del consumidor.

Hay categorías de productos que recorren las 4 etapas en el término de pocos meses, muchas veces con poca o ninguna explicación, pero en todo caso, sin duda, debido a cierta carencia o deficiencia en la investigación realizada previo, a la pésima calidad del producto o a la incongruencia de la estrategia en el mercado, entre otras. Por lo contrario, encontramos categorías de producto que llevan décadas en el mercado con muy pocas variaciones, tal el caso de Coca Cola, los jeans Levis 501, la hamburguesa y el hot dog, entre otros.

Sí, la categoría de producto con la cual se inicia algún negocio tiene alta incidencia en sus probabilidades de éxito. Así, el lanzamiento de otra marca de hamburguesa cuenta con el apoyo del mercado desde la perspectiva que dicho producto es conocido y aceptado por el mercado de antemano. Caso contrario cuando lo que pretendemos lanzar es un bolecón, el cual nadie conoce y ni siquiera sabe de qué se trata.

El análisis del ciclo de vida será factible realizar sólo si se cuenta con el registro continuo de datos sobre ventas, pues tales cifras a través del tiempo, tanto en valores como en unidades, son las que dicho ciclo refleja.

Por lo que incluso el más pequeño de los negocios está obligado por sanidad administrativa a llevar un registro diario de sus ventas. Y en la medida que tal sea minucioso y preciso, e incluya todos los datos pertinentes, tales como producto vendido, cantidad, costo, proveedor, fecha de compra, fecha de venta y demás datos importantes, más útil será en el futuro como base para la toma de nuevas decisiones.

Lo esencial en todo caso del análisis del ciclo de vida radica en conocer más allá de la etapa en que el producto se encuentra, la etapa hacia la cual se dirige, sea para retrasar su arribo a esa próxima o para adelantarlo, como en esencia sucede ante la citada obsolescencia planeada. Práctica comercial que como se ha mencionado, finalmente está siendo fuertemente castigada por su alevosía contra el consumidor.

El CVP resulta necesario también para percatarnos de la necesidad de un relanzamiento de producto ante la inminencia de su declinación. Para ello lo dotamos de alguna nueva característica apetecida por el mercado, entre muchísimas, desde nuevos ingredientes hasta un simple cambio de envase o colores, y lo promocionamos como tal, con lo que estaremos haciendo un relanzamiento de producto. Dado que el consumidor poseerá entonces mayor conocimiento sobre el mismo, la inversión publicitaria será menor, y por tanto, mayores las utilidades.

Por supuesto, no pocos son los casos de relanzamiento en los que la empresa, ante falta de investigación, lejos de realizar un relanzamiento exitoso, adelanta la declinación y muerte de su producto, por lo que la vigilancia de los resultados día a día, tanto en introducción como en relanzamiento, resulta en extremo necesaria.

Participación de mercado

El concepto revela la cantidad de unidades de nuestro producto dentro del mercado, en relación con la cantidad total ofertada de la categoría de dicho producto. Es decir, el porcentaje que nuestro producto alcanza dentro del mercado que nosotros y la competencia atendemos.

Responsabilidad social empresarial, sostenibilidad y minimalismo

Hoy día es imposible concebir una empresa que aún desatiende los conceptos de sostenibilidad y minimalismo.

Más allá de las sociedades en evolución, las empresas exitosas paulatinamente se han percatado de la enorme importancia y valor que los recursos poseen, desde el capital financiero mismo hasta aquellos aparentemente insignificantes como parecieran serlo un lápiz, una hoja de papel, un foco encendido sin necesidad alguna y muchas similares. Incluso lo que durante muchos años fue basura.

Sin embargo, considero primordial destacar que la sostenibilidad a largo plazo tanto como el minimalismo han sido conceptos de interés por parte de la humanidad desde tiempos remotos, principalmente, aunque no excluyentemente, por los seres humanos más privados de recursos, los multicarentes, quienes más por imposibilidad real que por sabiduría o exceso de conciencia alguna, han tenido que vivir cuidando y apreciando los recursos en su justa dimensión para asegurarse la diaria sobrevivencia a la vez que algún plazo esperanzador de vida, tal cual hoy la responsabilidad social empresarial, el minimalismo y la sostenibilidad pregonan.

Sin duda, el insultante derroche y desperdicio de recursos observado durante la última mitad del siglo pasado como consecuencia de la ignorancia e indiferencia del ser por el ser, tanto como por la abrumadora presión social por destacar y ser reconocido como "alguien" a cualquier costo, principalmente a través de sólo desarrollo económico y riqueza material, finalmente tocaron fondo con la reciente crisis financiera mundial.

De tal suerte, en la actualidad observamos el inusitado aparecimiento de estos programas de concienciación para reducir nuestro consumo, cuidar los recursos no renovables y retomar un estilo de vida de relación armónica con el Universo, principalmente con el medio ambiente, como única alternativa de asegurar no sólo el ulterior desarrollo del ser sino la supervivencia misma de la humanidad.

Ha sido necesario un punto de inflexión severo en la desmedida ambición de las corporaciones tanto como de las nuestras para retomar aquellas palabras enunciadas en el ya distante año de 1855 por el jefe indio Seattle, Gran Jefe de los Duwamish, dirigidas al 14avo presidente de los USA, Franklin Pierce, que entre otras, decían:

De una cosa estamos bien seguros. La tierra no pertenece al hombre, es el hombre el que pertenece a la tierra. Todo va enlazado, el hombre no tejió la trama de la vida; él es solo un hilo.

Lo que hace con la trama, se lo hace a sí mismo. Ni siquiera el hombre blanco, cuyo Dios pasea y habla con él de amigo a amigo, queda exento del destino común. Después de todo quizás seamos hermanos. Ya veremos.

De tal suerte, quizá no sea necesario esforzarnos en intentar evolucionar hacia estadios superiores como seres humanos sino simplemente retroceder. Dar vuelta sobre nuestros pasos hasta el momento aquel en la historia en que nos olvidamos de nosotros, de nuestra naturaleza homo sapiens, y dejamos a merced de la inconciencia nuestra capacidad de reflexión.

La responsabilidad social empresarial, traducida básicamente en estos conceptos, persigue la búsqueda de una mejor calidad de vida para la comunidad a través del cuidado y apoyo social, ecológico y económico a la misma. Todo lo cual, al final de cuentas, se traduce en valor para la empresa. Sin embargo, dado que la responsabilidad social empresarial debe ser parte de la estrategia misma de mercadotecnia, no sólo es a largo plazo sino también eminentemente cualitativa, por ende, con resultados no cuantificables la mayoría de las veces, pero no por ello de beneficio imperceptible, salvo para alguna severa miopía de mercadotecnia.

A pesar del avance en su implantación, una gran mayoría de empresas aún son reacias a ella, y no pocas de las que se han sumado reciben crítica por la aparentemente paupérrima cantidad de dinero que retornan a las comunidades desde tal perspectiva. ¿Se habrán adherido quizá sólo en apariencia?

De tal suerte, en pleno desarrollo en ciertos países, y aún en ciernes en otros, la responsabilidad social empresarial vislumbra en común la conveniencia de generar su presupuesto con base en un porcentaje sobre sus ventas.

Mercadeo electrónico o e-commerce

Dado el escaso desarrollo de este en nuestras economías latinas, básicamente por la ausencia al momento de redactar el presente de plataformas digitales independientes, sin relación o sin dependencia alguna con el ámbito financiero, tributario y legal de los USA, y que permitan localmente el cobro de las ventas realizadas por dicho medio, tanto como de estrategias de mercadeo y distribución coherentes que fortalezcan el proceso de intercambio mundial para nuestros productos, y en consecuencia minimicen los costos de envío, es poco lo que podemos hacer.

Portales extranjeros tales como Amazon y E-bay, entre otros, nos permiten alguna posibilidad de comercializar nuestros productos en el ámbito mundial, aunque tributando fiscalmente en los USA y tomando en cuenta que los costos de envío se convierten en una barrera difícilmente superable, pues en muchos casos dicho sobrepasa con creces el valor del producto mismo, lo que le resta mucho atractivo, salvo a aquellos que consideramos de suma especialidad, en cuyo caso tal se diluirá notablemente.

Las posibilidades del e-commerce son más atractivas en contra realmente del mercadeo de las empresas latinas, pues comprar una camisa o un par de jeans, cuando no un reloj o unos binoculares a través de alguno de los portales desde sites en el extranjero, resulta más fácil, divertido, con mayores opciones y generalmente a mejor precio que acudiendo a alguna de las tiendas en nuestros países.

Por otro lado, en Guatemala misma, por ejemplo, aún no existe la infraestructura básica, menos aún la necesaria, tanto para pagar como para cobrar y distribuir a bajo costo incluso dentro del ámbito nacional los distintos productos que fabricamos. Sin embargo, paradójicamente, dicha compra es fácil hacerla desde sites ubicados al otro lado del mundo, y a costos de transporte o courier semejantes.

Así, el mercadeo electrónico o e-commerce es aún incipiente en nuestro medio, por lo que me referiré a este desde el área de la promoción, como importante medio de comunicación y construcción de relaciones armónicas que por ahora resulta, aunque también sólo para un segmento de mercado muy específico.

Mezcla de mercadotecnia

Se llama así al conjunto de variables que el estratega de mercadeo identifica como esenciales para el logro de los objetivos comerciales, y que por lo tanto intenta con denuedo controlar o administrar desde el ámbito interno de la empresa.

El modelo de mezcla de mercadotecnia más conocido es el de Jerome McCarthy, que datando desde la década de 1960, contempla 4 variables: producto, precio, plaza y promoción.

Dada la importancia de la mezcla de mercadotecnia, páginas adelante se le presta toda la atención y profundidad que requiere, sin embargo, resulta oportuno mencionar que tales variables, controlables contrastan por completo contra las variables NO controlables. Aquellas variables ante las que el estratega no puede hacer algo a favor, como tampoco en contra. Por ejemplo, el clima, la política de gobierno, la intromisión de países extranjeros y similares.

Así, las variables controlables son aquellas que resultan susceptibles de ser manejadas o administradas por el estratega.

Con base en la propuesta de McCarthy, el producto, tanto como el precio, la plaza o mercado y la promoción o comunicación, son variables todas que la empresa puede disponer de la manera que considera idónea, más no así del clima, por ejemplo.

Análisis financiero

Este es otro importante tema que se desarrolla profundamente páginas adelante, pero básicamente consiste en llevar día a día el registro pormenorizado de todas y cada una de las operaciones contables de la empresa, con el propósito de generar en el momento oportuno, generalmente el fin de mes, información financiera que permita establecer el estado de la empresa tanto como el logro de los objetivos.

Esencialmente se apoya en 2 instrumentos: estado de resultados y balance general.

Oferta y demanda

Conocemos como oferta la cantidad total de unidades que de determinado producto y a cierto precio existe en un mercado para su consumo o uso.

Y como demanda, a la cantidad total de unidades que de determinado producto un mercado es capaz de adquirir a cierto precio.

La ley de oferta y demanda indica que a mayor precio de un producto, menor será su demanda, pero mayor su oferta. De igual manera, a menor precio, mayor la demanda, pero menor oferta. En ambos casos, como consecuencia del mejor o peor negocio que resulta de tales distintas situaciones.

¿Quiénes actúan en el mercado y el mercadeo?

Todo el mundo. La totalidad de las personas actuamos de alguna u otra manera en las actividades del mercado y del mercadeo, pues incluso en fotografías se ha visto aldeas y pueblos remotos dentro de las más espesas y densas junglas donde sus habitantes visten y calzan prendas que ya utilizan alguna etiqueta de marca o llevan algún logotipo impreso, o cuando menos, se intuye, realizan procesos de intercambio entre ellos para su beneficio mutuo. Un trazo esencial del mercadeo: el intercambio.

Por otro lado, la herramienta más conocida de esta actividad empresarial: la publicidad, tiene presencia en cada rincón de nuestras vidas. Desde la televisión, la radio, los periódicos, las revistas, el internet, las redes sociales, el celular, los empaques, los envases y hasta de la calle y del cielo mismo recibimos constantemente comunicación comercial. Así, nadie queda exento de participar en el mercadeo, principalmente en el de consumo.

A continuación se detallan los principales actores en el mercado, iniciando con la comunidad, dada la importancia que el ambiente y la certeza jurídica, la realidad social y económica así como la geografía y la demografía de la misma revisten para el desarrollo óptimo de las operaciones de la empresa.

Comunidad:

La comunidad es un importante actor del mercado a considerar en el momento de pensar en la creación de una nueva empresa, ya que la sociedad, la gente de la comunidad, a través de sus autoridades gubernamentales y municipales electas, establece el andamiaje jurídico y la legislación del quehacer comercial, tanto en el ámbito nacional como en el estatal y el municipal.

De tal suerte, debe revisarse inicialmente en este ámbito todo aquello que concierne a instancias legales y jurídicas, de mayores a menores, a que la empresa resulta sujeta, tanto por las mismas leyes como por reglamentos y contratos.

Así, en conjunto con las otras importantes decisiones de mercadeo que deben preverse acerca del negocio o empresa a emprender, debe conocerse también ese andamiaje legal prevaleciente en la comunidad, y que brindará carácter y certeza jurídica al desarrollo de la empresa.

En primer lugar, desde los ámbitos más generales, tales como los regímenes fiscales y aduaneros, así como la legislación laboral. Obligaciones, responsabilidades, tasas impositivas y aranceles que el fisco dicta, así como sueldos mínimos, prestaciones laborales y demás normas que rigen la contratación de personas. Luego, los que atañen directamente a proyectos específicos, tales como leyes de sanidad pública en el caso de restaurantes y similares; de seguridad, en el caso de espectáculos y centros de diversión; o de educación, en el caso de colegios, universidades y academias, entre otros.

Simultáneamente, debemos revisar y conocer los reglamentos municipales con respecto a ubicaciones, tasas y arbitrios, así como licencias y permisos, tanto de construcción como de operación, planes de ordenamiento territorial y demás que puedan tener incidencia concreta en nuestro proyecto de negocio.

Por supuesto, en caso se prevea la necesidad de alquilar un local comercial, deben conocerse anticipadamente las condiciones generales de un contrato de arrendamiento, pero también el reglamento del complejo comercial en que dicho local se encuentra ubicado, pues conocer anticipadamente los derechos y obligaciones así como las limitaciones a que los inquilinos están sujetos por el reglamento de propiedad horizontal permitirá tomar decisiones más acertadas.

Por otro lado, es de vital importancia investigar y conocer los temas específicos para la actividad comercial, tal como las costumbres y creencias de la comunidad, la religión que prevalece, el estilo de vida de sus habitantes, el nivel socioeconómico y demás características relevantes, incluso los niveles de seguridad ciudadana con que cuenta, la calidad y cantidad de su agua potable así como del servicio eléctrico público de que dispone, entre otros.

Servicios públicos deficientes, tal los casos de seguridad, electricidad y agua potable señalados, seguramente implicarán procurarse los mismos desde empresas comerciales privadas, lo que sin duda resultará en mayores desembolsos que repercutirán en el Estado de Pérdidas y Ganancias, por lo que anticipadamente deben conocerse probables proveedores y precios.

De ser el caso, será necesario conocer también los niveles de precios, incluyendo los salarios mismos, la tasa de inflación anual, el tipo de cambio frente al dólar y el Euro, así como otras variables que inciden directamente en la capacidad de compra y consumo de la población.

De igual manera, debe tomarse en consideración el clima a lo largo del año, las fiestas patronales, costumbres y demás características propias de la comunidad, con el propósito de preparar anticipadamente acciones que permitan obtener el máximo beneficio de ellas.

Como ejemplo, en Guatemala se otorgan 2 sueldos adicionales durante el año a los trabajadores. Uno en diciembre, llamado aguinaldo; y otro en julio, llamado bono 14, los cuales inciden en un significativo incremento de la capacidad de compra del consumidor. Sin embargo, también es importante saber que el período escolar anual inicia en gran medida durante enero, con lo que el aguinaldo está comprometido mayoritariamente ante dicha responsabilidad.

La comunidad es pues el mercado mismo, de tal suerte, para iniciar operaciones en él con alguna perspectiva de éxito, es necesario conocer sus más ínfimos e importantes detalles, de entre los cuales destaca, contundentemente, el consumidor. El cual se analiza someramente en esta sección, pues a lo largo del presente se le cita y dedica toda la atención que requiere.

Consumidores

Sí, dentro de la comunidad se encuentran los consumidores, quienes dan vida, o no, a todo proceso comercial.

Los consumidores son justamente para quienes se diseñan y crean la diversa mayoría de productos-satisfactores y sus respectivos valores agregados, pues son ellos quienes los usan y consumen hasta su desaparición o falla total. De tal suerte, son el centro del mercadeo. El rey, como algunos autores le llaman, aunque de ninguna manera un rey bonachón, como erróneamente otros lo han tipificado. De hecho, el consumidor velará en todo momento por el máximo rendimiento de su dinero, sin importarle un ápice las penurias del vendedor o el fabricante.

Consumidores los hay tantos como seres humanos, y cada uno puede necesitar un producto específico, al igual que una estrategia especial para llegar a él y satisfacerle, pero ello, anticipamos, es imposible. De tal suerte, los agrupamos en segmentos. Así, entre los grupos de consumidores visualizamos rápidamente una primera clasificación: neonatos, bebés, niños, preadolescentes, adolescentes, jóvenes, solteros, recién casados, casados con hijos, casados sin hijos, viudos, divorciados, tercera edad y demás. Comprensible es que los productos y las estrategias diseñadas y dirigidas a la juventud serán distintos a los que ofreceremos para personas en edad senecta e incluso senil, tal el caso de máquinas de afeitar, por ejemplo.

Frecuentemente, el consumidor es el mismo cliente, tal el caso del joven que compra una camisa, se la pone y usa, o del desayuno que se compra y de inmediato consume. Pero cuando el bebé usa pañales desechables y los consume, es el padre o la madre quien los compra; con lo que el bebé será entonces el consumidor, y los padres, los clientes.

De hecho, varios actores más pueden surgir en un proceso de compra-consumo, entre ellos, los citados clientes.

Clientes

Identificamos así a quienes compran, sea para su propio consumo o para el consumo de otros. Pero en esencia son quienes llegan al punto de venta (POP: point of purchase) y miran, tocan, sienten, huelen y viven la experiencia de compra, aunque no siempre para su propio beneficio o uso.

Sí, volviendo al bebé de los pañales, estos serán fabricados conforme a la estructura antropomórfica del bebé y sus necesidades fisiológicas, de suerte que le ajusten, tallen y contengan sus deposiciones fecales y urinarias. Ese es el propósito principal del pañal, y los papás se sentirán satisfechos si y sólo si los tales funcionan en este sentido. Sin embargo, un empaque poco funcional en cuanto a comodidad para transportar, abrir y usar dichos pañales incidirá negativamente en la recompra, por lo que tales detalles también deben ser cuidados por el fabricante en atención a su cliente, y no a su consumidor. Así, el empaque adecuado en este caso, tanto como florecitas o carritos estampados en dicho pañal, están dirigidos a potenciar el nexo con el cliente, los papás, y no con el consumidor, pues el bebé probablemente ni siquiera podrá tener en cuenta tales detalles.

Un tercer personaje que puede existir y tener participación activa en un proceso de compra-consumo es aquel que influye en la decisión de compra del cliente. Los influenciadores.

Me refiero a aquellas personas que por su edad, lazo familiar e incluso personalidad o estilo de vida inciden en la decisión de otros para elegir y comprar, o no hacerlo, determinadas marcas, presentaciones, estilos, colores, precios y demás. Los casos más representativos son la suegra ante la nuera, los padres ante los hijos, el hermano mayor ante el menor, la esposa ante el marido y viceversa, o el abuelo, el jefe de la empresa donde trabaja y otros similares a quienes se les atribuye alguna autoridad, experiencia o mayor conocimiento.

La experiencia en familia nos dice que muchos productos de uso en el hogar suelen ser recomendados por la madre o la abuela en términos positivos, amables, por lo que utilizar la figura de dichas personas en publicidad puede resultar útil.

Pero pueden existir aún más actores en un proceso de compra, pues está el caso de que quien consume es el bebé; quien influencia respecto a la clase o tipo de pañal, la suegra; quien desembolsa el dinero, el papá; quién decida la marca, ante la publicidad, la mamá; pero quien finalmente compre sea la hermana mayor. Y sea esta última quien se vea seducida por la señorita impulsadora en el punto de venta con alguna promoción de ventas que le resulte atractiva, y contraviniendo abiertamente la decisión previa de la madre y la influencia de la suegra, tome una nueva decisión de compra, totalmente distinta, y compre una marca totalmente diferente.

De hecho, vale resaltar en este sentido que la decisión de compra se toma mayoritariamente en el punto de venta, frente a los anaqueles y productos mismos, lejos de lo planeado anteriormente. Sin duda, conocer esta realidad nos proporciona un mensaje respecto a la publicidad en medios masivos.

Canales de distribución y sus intermediarios

Otro actor de singular importancia dentro del mercado de consumo tanto como de organizaciones lo constituyen los canales de distribución. De hecho, es el nexo que une a ambos mercados.

Un canal de distribución representa el flujo que los productos siguen desde el fabricante hasta el cliente y está conformado por empresas intermediarias, incluyendo generalmente distribuidores mayoristas, ruteros y minoristas o detallistas, tanto como por actividades de distribución física.

Los intermediarios son empresas independientes que ayudan al fabricante, mediante el cobro de un porcentaje de utilidad sobre sus precios de venta al consumidor final, a distribuir su producto-satisfactor dentro de cierto mercado, llevándolo incluso hasta los anaqueles del punto de venta. Justo frente al consumidor. Cuando no hasta su casa misma.

Uno a uno, tales intermediarios hacen factible el traslado de los productos desde la fábrica hasta el anaquel donde el consumidor final los tomará. Habiéndoles agregado a lo largo de ese traslado toda una oferta de utilidades y valores que, entre otros, incluye la disponibilidad en la época o momento adecuado, el tiempo y las condiciones óptimas tanto como en cantidades asequibles y de la manera como el cliente final los requiere en cuanto a empaques, servicio a domicilio, pago con tarjeta de crédito o cheque, en un ambiente agradable, cerca de casa, estacionamiento y demás servicios y valores agregados que, sumados, proporcionan al producto-satisfactor muchísimo más potencial para ser vendido que en la fábrica misma.

Es propicio mencionar que gran porcentaje del precio que el consumidor final paga por los productos que adquiere se encuentra precisamente en estos ámbitos de la intermediación y la distribución física.

Sí, la distribución física, el aparentemente simple transporte de los productos de un punto geográfico a otro, esté a cargo de la empresa fabricante o de los intermediarios, es un componente importante del precio final de un producto. De tal suerte, esta labor de distribución física requiere no sólo de conocimiento del entorno y la actividad en sí, sino más bien de suma especialización que permita la eficiencia necesaria entre bajos costos y maximización en la distribución geográfica. Lo cual generalmente escapa a la capacidad de la empresa fabricante, o le distraería en su misión principal, por lo que recurre a intermediarios especializados para que la lleven a cabo mediante el citado pago de utilidades sobre el precio de venta.

Como ejercicio y punto de comparación y análisis, véanse los costos probables y precios de venta de la presentación de ½ litro de bebida carbonatada versus la presentación de 2 litros, de la misma marca, en el mismo POP.

Ese margen que cobran los intermediarios obedece también, más allá de la distribución física meramente y el costo del transporte, a las distintas utilidades y valores que cada uno de ellos agrega a los productos en ruta, con el propósito de adecuarlos de manera óptima al siguiente eslabón de la cadena, hasta que finalmente llegan ante el cliente o consumidor con la suma acumulada de dichos valores.

De tal suerte, aquellos intermediarios que no aporten valores agregados significativos para los productos del fabricante serán sustituidos por quienes sí lo hagan.

El simple hecho de que un mayorista compre a granel para luego empacar y envasar en unidades de consumo más pequeñas, aptas para la tienda detallista o el consumidor, confiere valor agregado al producto.

Muchos años atrás, en Guatemala, el azúcar llegaba a las tiendas en sacos de 1 qq, y el tendero debía pesar una a una las 100 libras, y envasarlas, pues el consumidor, para su hogar, compraba por libra. Hoy día, los ingenios azucareros y sus distribuidoras han absorbido esa labor de envase y lo proporcionan directamente como valor agregado que es, pero, por supuesto, cobrándolo. Así, el tendero hoy día se limita sólo a distribuir, y por ende su utilidad porcentual sobre venta es menor.

Colaboradores

También participan en el proceso de mercadeo los colaboradores de la compañía, tanto internos como externos.

El principal de ellos, sin duda alguna, el mismísimo **personal** de la empresa, pues este es el mismo que da vida, calidad y valores agregados a los productos-satisfactores que se ofrecen al mercado, por ende, a la empresa misma.

Como parte de los procesos de creación e intercambio de productos, el personal proporciona su mano de obra y acuciosidad laboral en pro del desarrollo de la empresa, solía decirse, pero es oportuno corregir. Proponer el desarrollo de la empresa, a secas, funcionó en el pasado, pero no en pleno siglo XXI.

Hoy por hoy debe interesar también el desarrollo de las sociedades, de las comunidades, y por ende, del mercado o los mercados de la empresa, de los clientes, de su poder adquisitivo y sus compras, que es lo que en primera y última instancia proporciona desarrollo y vida a la empresa, y como consecuencia, a las plazas de trabajo que ésta ofrece a la comunidad.

De tal suerte entonces, el personal debe velar más allá de por el desarrollo de la empresa, por la satisfacción y desarrollo de la sociedad mediante la generación de procesos de intercambio favorables que, como consecuencia, impulsen el desarrollo ulterior de la empresa.

Por supuesto, en ningún momento se pregona el consumo desmesurado sino más bien la reflexión al respecto, ya que al hacer responsable a la masa trabajadora, la sociedad en esencia, por la sociedad misma, esta se percatará de la importancia de su consumo racional, moderado, y desarrollará nuevos patrones de conducta y hábitos de compra que apuntalen el equilibrio socioeconómico y medioambiental necesario para el bienestar común.

Otros colaboradores de singular importancia lo constituyen los **proveedores**, quienes aclaro, operan en el mercado organizacional en todo caso, pues su cliente siempre será otra empresa. Sin embargo, la existencia y éxito de todo proveedor depende totalmente del mercado de consumo.

Un proveedor de mercancías para la reventa, tales como ropas, dependerá totalmente de las ventas de ropa que las tiendas a las que provee logren, con lo que a su vez depende totalmente del consumidor o cliente, que es quien finalmente compra en tales tiendas. La tienda es pues un intermediario que traslada la demanda de sus clientes a su proveedor. De tal suerte, la **demanda derivada** del proveedor es total, absoluta, pues depende por completo de las ventas que sus clientes tengan.

Así, de ser el caso que las ventas de sus clientes dependan de la temporada de verano, de igual manera dependerán las ventas del proveedor, aunque en este caso habrá que considerar también la anticipación que exige el lapso de los procesos de transformación y producción de productos-satisfactores a partir de las materias primas, tanto como el tiempo de distribución y relleno de inventarios. La tienda hace sus compras quizá en julio para garantizarse la existencia de un inventario en noviembre para vender en diciembre. Pero no tendrá en sus bodegas dicho producto desde julio mismo.

Como consecuencia de esa absoluta dependencia, el proveedor también debe estar en comunicación constante con el consumidor, pues este último es quien brinda la oportunidad de crecimiento y desarrollo, tanto a la tienda intermediaria como al mismo proveedor. A la vez que a los proveedores de este proveedor, y así, a toda la cadena de transformación, incluso desde la elaboración de los fertilizantes, 3 años atrás, para el algodón con que se confeccionan las prendas de vestir.

Otro tipo de demanda derivada que podemos ejemplificar es la del proveedor de aire acondicionado, la cual se percibe más directa con el crecimiento del cliente en cuanto a su expansión y nuevas instalaciones, sin embargo, tal crecimiento, expansión y nuevas instalaciones de un cliente intermediario, deducimos, dependerán a la vez de sus ventas. Ya que una empresa que no vende, lejos de crecer, muere. Desaparece.

Ampliando con respecto a los proveedores, estos se eligen principalmente por su capacidad de servicio de entrega en tiempo, de las materias primas que la empresa cliente necesita para sus procesos.

Como tienda de ropas, no nos será útil en absoluto un empaque navideño precioso en el mes de enero. Ni siquiera el 23 de diciembre. Dicho empaque debe estar en bodega a más tardar el 15 de noviembre, que es cuando los clientes empiezan a solicitarlo. Pero además, vale señalar que dicho empaque tampoco será útil en septiembre, y tampoco redituable financieramente, salvo un precio excepcionalmente bajo que haga valer la pena correr con el costo de almacenamiento extra.

Por supuesto, el precio que ofrece el proveedor es otra variable importante a considerar, aunque quizá no mayor que el contar justo a tiempo con las materias primas. Un proceso fabril es en extremo costoso detenerlo por carencia de materias primas, por lo que es imperante asegurarse el abastecimiento con la antelación necesaria, óptima, tanto como el de las cajas de empaque navideño.

El proveedor ideal será aquel que al menor costo posible brinde la certeza y confianza tanto de sus entregas de producto en tiempo como de la uniformidad en la calidad de los mismos.

Como colaboradores resultan de suma importancia también **el personal de las otras empresas** con quienes la empresa se relaciona, es decir, el personal de proveedores e incluso de clientes, de ser empresas. Principalmente, la llamada: **fuerza de ventas externa**, sin embargo, no sólo vendedores sino todo el personal de esas otras empresas, como miembros que son de la sociedad, de la comunidad en que se interactúa, y por ende, generadores también de la evolución social que se pregona y necesita.

Así, en el personal de los proveedores se buscará su compromiso por el servicio de excelencia y calidad de producto que requieren nuestras compras; y con el personal de los clientes, su compromiso por apoyar nuestros productos en góndola o anaqueles, y en común, a ambos grupos, nuestro interés primordial por apoyar a la comunidad como precursora del desarrollo de las empresas. Tanto proveedores como nuestra propia empresa y la del cliente, al igual que sus actores; por ende, a la comunidad total.

Existe toda otra serie de colaboradores, como lo son **otros proveedores**, quienes nos prestan servicios tales como energía eléctrica, seguridad privada, servicios bancarios y similares, y aunque nuestra relación con ellos pareciera ser intrascendente, debemos procurar siempre construirla de manera positiva como parte inherente que son de la comunicad y, por ende, del desarrollo.

Agencias de publicidad

Dada la importancia de estas como colaboradores de la empresa y de la actividad de comunicación en sí, merecen su propio espacio.

De hecho, su importancia es tal que los grandes conglomerados comerciales poseen entre sus empresas algunas dedicadas a la actividad publicitaria, tanto para prestar sus servicios a las demás empresas del grupo con alguna confidencialidad, como para atender a otras en el mercado. Aunque en todo caso, como una empresa comercial más que debe generar sus propias utilidades.

Las empresas grandes también pueden tener su propio departamento de mercadotecnia y publicidad. Esencialmente, como he indicado, en procura de la confidencialidad de la información que se administra.

Recordemos que el más valioso recurso de una empresa son sus clientes. Y toda la información al respecto, tanto como de sus mercados y sus productos, estrategias, visión y misión, entre otras, debe compartirse con quien tiene a cargo la publicidad. No hacerlo puede incidir en un mal servicio por parte de la agencia, y hacerlo en exceso, en algún riesgo de confidencialidad.

De tal suerte, la elección de una agencia de publicidad no es fácil, y debe procurarse trabajar con aquella que no sólo hace los mejores trabajos de comunicación sino también nos ofrezca la garantía, aunque intangible, de suma confidencialidad. Debe ser una agencia recomendada. Idealmente.

Una vez trabajando en comunión con alguna, sus ejecutivos involucrados deben conocer a la perfección nuestros clientes, nuestros consumidores, nuestros productos y demás, pues sólo así podrán generar excelentes mensajes y comunicación con nuestro mercado.

Competencia

Actúan también en el mercado otras importantes empresas que trabajan esforzadamente por satisfacer a nuestros clientes de mejor manera que como nosotros lo hacemos, con el claro propósito de arrebatárnoslos y, por ende, apropiarse de sus compras. De su dinero.

De tal suerte, es imperante identificar aquellas empresas que poseen la capacidad, o pueden poseerla, de arrebatarnos a nuestros clientes, y mantenerlas bajo estrecha vigilancia, a fin de responder anticipadamente a cualquier acción que preveamos de ellas en nuestra contra.

Por supuesto, más allá de esa estrecha vigilancia, debemos esforzarnos en alcanzar constantemente un mejor desempeño, incluso en nuestra responsable visión hacia la generación de beneficios mutuos, pues ser apreciado por la sociedad como empresa humanamente responsable es una faena que también la competencia puede desarrollar. De tal suerte, esa responsabilidad debemos traducirla en satisfactores totales que propicien y hagan realidad la ansiada relación armónica desde nuestra parte.

Así también requerimos de una estrategia de diferenciación dinámica, positiva y constante dentro del mercado, tanto como de su adecuada comunicación a la comunidad. Pero una diferenciación real, con base en valores agregados perfectamente definidos, con absoluto respeto a nuestros clientes, la competencia misma y la comunidad en general.

En síntesis, afrontar a la competencia lo haremos creando productos-satisfactores, relaciones armónicas y beneficios mutuos para nuestros clientes, tanto como experiencias de compra fantásticas, dentro de un marco de ética y moral profesional en el que prevalezca nuestra calidad como seres humanos evolucionarios.

Compañía

Finalmente, la empresa misma es un actor más en el mercado. En la comunidad. Y como uno más, está sujeta a las mismas reglas de juego. La única diferencia posible radicará en su creatividad y estilo de vida como empresa. En sus programas de responsabilidad social empresarial, entre otros. Con lo que de engranar armónicamente con la comunidad, se tendrá muchísimo para celebrar y sentirse satisfechos.

Cuando la empresa permanece atenta constantemente y responde de inmediato a las siempre variantes necesidades de la comunidad, no sólo en cuanto a productos-satisfactores propiamente sino también en cuanto a aquellos otros satisfactores que señalamos desde el inicio, como lo son el respeto a los derechos humanos, los sistemas democráticos, el medio ambiente y demás buenas prácticas y valores que el ser humano en evolución ahora exige, y necesita, tendrá muchas más probabilidades de crecer y desarrollarse, gracias a esa armonía y comunión con la comunidad.

Parte importantísima lo es también la honesta y honrada tributación fiscal, acorde a las leyes respectivas.

Bien, una vez hemos dado un vistazo al mercado y revisado el tema de los actores en el ambiente de mercadotecnia de la empresa y cómo lo hacen, resulta necesario, como se previno, profundizar en el conocimiento acerca del principal protagonista del mercado: el consumidor.

Intentando entender al consumidor

Siendo seres humanos quienes participamos comprando, vendiendo y consumiendo en el dinámico mundo de la mercadotecnia, resulta esencial intentar conocer y comprender nuestra conducta y cómo y por qué actuamos, pensamos y sentimos ante los diversos estímulos, tanto internos, fisiológicos, como externos, que la comunidad y el mercado nos envían.

Es necesario intentar comprender los motivos, las percepciones y otros complejos sentimientos sicológicos del consumidor para complacerlo y atenderlo mejor, y así tener mayores probabilidades de atraerlo de manera más efectiva a nuestro POP (punto de venta o tienda) y a nuestros productos, hacerle más fácil y placentera su experiencia de compra y fortalecer nuestros vínculos con él.

De tal suerte, resulta necesario conocer y revisar las distintas teorías sicológicas y diversos conceptos al respecto, tales como personalidad, estilo de vida y autoconcepto; hábitos y motivos de compra; ciertas características personales, demográficas e incluso geográficas; y como complemento, revisar un modelo de proceso de compra.

Maslow

Respecto de las **teorías sicológicas**, partimos desde lo enunciado por Maslow, quien dijo que el hombre desarrolla nuevas necesidades a medida que satisface las de mayor apremio o prioritarias, y que garantizan su supervivencia, tal cual en esencia lo son las fisiológicas. El individuo pues, ocupará primordialmente su tiempo y atención en satisfacer necesidades primarias tales como comer, dormir y beber, antes de dedicarse a satisfacer otra necesidad menos intensa.

Sin embargo, una vez satisfecho ese nivel primario, meramente fisiológico, el hombre puede pensar en satisfacer otras necesidades. Dice el Dr. Maslow que es entonces cuando surgen las necesidades de seguridad y protección. Contar con un espacio para albergarse y protegerse, una fuente de ingresos, salud, certeza y control sobre sí mismo y la familia.

Un tercer nivel de necesidades, por encima de las fisiológicas y de seguridad mencionadas, lo constituyen las necesidades de afiliación. La búsqueda de amistad y afecto. Que es donde cabe el ejemplo de las redes sociales, pues en ellas se satisface mucho de dicha necesidad de afiliación.

En un cuarto peldaño, Maslow coloca las necesidades de reconocimiento, es decir, las de confianza, éxito y respeto en el medio, y que el ser humano busca satisfacer precisamente como una manera de reconocerse y aceptarse. Y en un quinto peldaño, las de autorrealización, que es cuando el individuo finalmente se libera de sus propios prejuicios para ser lo que siempre ha anhelado ser, y que no le había sido permitido por estar ocupado satisfaciendo otras necesidades de mayor apremio, como lo son las previo descritas. Es el umbral, donde el hombre finalmente abre su mente y da salida a su creatividad.

De tal suerte, podemos pensar que una persona que nace en el seno de una familia adinerada no necesitará mayor esfuerzo para satisfacer los dos primeros niveles, e incluso quizá el tercero, aunque no por su propia capacidad sino por el interés que el dinero puede causar en quienes le rodean. Sin embargo, otra persona que ha alcanzado el umbral, puede verse de pronto sorprendida por hechos fortuitos que le empujen hacia niveles inferiores, incluso tan drásticos como el caso de los desahucios de vivienda por las crisis económicas o, simplemente, porque se extravía en las calles de una ciudad en el extranjero, de idioma diferente.

Así, la satisfacción de necesidades es un proceso humano constante. Todos los días necesitamos comer y beber, tanto como relacionarnos y sabernos capaces de emprender y hacer y deshacer, así como de crear; sin embargo, los más altos peldaños de la pirámide serán satisfechos luego de esfuerzo y dedicación por satisfacer adecuadamente los primeros.

De hecho, el nivel de autorrealización variará de grupo social en grupo social, pues un campesino de escasos recursos sentirá suma satisfacción cuando logra comprar su primer televisor, en tanto un ciudadano de los barrios elegantes de la ciudad, seguramente la sentirá sólo cuando acumule sus primeros 10 millones de dólares en la cuenta de ahorros.

Bien, siendo que la teoría de Maslow por sí sola no es suficiente para intentar comprender los complejos mecanismos mentales que motivan al ser humano a actuar como lo hace, resulta necesario revisar otras teorías, tal el modelo de condicionamiento respondiente o de estímulo respuesta, de Pavlov.

Pavlov

La investigación del premio Nobel de medicina en 1904, describe que al momento de dar comida a los perros (estímulo), estos salivan (respuesta), como una manera natural de comportamiento.

Luego, al momento de dar comida a los perros (estímulo) agregó el sonido de una campana (un nuevo estímulo que se asocia), y los perros, naturalmente, salivaban por el primer estímulo: la comida, pero escuchando a la vez la campana. Lo hizo así durante varios días. Al final del proceso, Pavlov no da más comida a los perros pero hace sonar la campana, y aquellos salivan, aunque ya no por instinto natural sino por el proceso de aprendizaje al que se les ha sometido.

Este modelo de Pavlov es de singular importancia en la estrategia de comunicación, principalmente en la publicidad, pues es un principio básico del logro por asociación de las respuestas que anhelamos con nuestros mensajes. Tal como cuando pasamos frente al restaurante, percibimos los aromas de su cocina y recordamos algún momento grato vivido en otro ámbito totalmente distinto. Incluso puede ser útil en la modificación de conducta de compra, mediante estímulos adecuados.

Freud

El médico neurólogo, por su lado, describe la sicología del individuo como una estructura sujeta a dos fuerzas: una natural y otra social, ambas en continua disputa por satisfacer cada cual a su manera los instintos o necesidades naturales, y una tercera fuerza en función de equilibrarlas, imponiendo un cómo hacerlo.

El id: nuestra animalidad irracional que procura la satisfacción de nuestras necesidades instintivas sin complejos ni delicadezas. El superego, que impuesto o aprendido desde la sociedad, frena la satisfacción de tal instinto, y en tercer lugar, el ego, el cual intenta establecer real y racionalmente un equilibrio entre ambas.

El individuo vive entonces en constante lucha consigo por la satisfacción de sus necesidades, pues amén de con él mismo, también debe quedar bien con el mundo que le rodea. Frustrante o no, no es motivo de nuestro estudio, sino simplemente establecer la forma como diversos productos-satisfactores satisfacen sicológicamente determinadas necesidades innatas en el ser humano, para lo cual recurrimos principalmente a la investigación motivacional, en la cual, a través de sesiones de grupos focales descubrimos las verdaderas razones o motivos por las que el consumidor compra o actúa de una u otra manera frente a determinado producto como estímulo.

Conceptos varios

Respecto de **personalidad**, los expertos dicen que no es más que como somos. Es decir, un conjunto de rasgos distintivos que nos definen, y por lo tanto pueden incluso predecir nuestro comportamiento ante determinadas circunstancias. En mercadeo resulta a veces importante identificar tan sólo un rasgo de la personalidad para crear y diferenciar un segmento, y luego enfocar la estrategia con mayor tino.

Estilo de vida es nuestro patrón de conducta ante la vida, como resultado de nuestros pensamientos y sentimientos, pero también de nuestra personalidad.

Una persona con personalidad responsable y respetuosa, difícilmente tendrá como estilo de vida la visita a sitios tales como casinos, cantinas, bares y similares. Por lo contrario, seguramente buscará la academia, la superación, la evolución. Una persona tímida, poco comprensiva o poco tolerante hacia los demás, llevará como estilo de vida evitar formar parte de equipos deportivos o grupos sociales permanentes que le exijan interactuar.

Por supuesto, existirán excepciones, pues en determinado momento, por infortunio o azar, cierta personalidad puede tener un estilo de vida no propio; aunque nunca será la regla.

Otra variable sicológica a analizar en el consumidor es el **autoconcepto** o forma en que el individuo se ve a sí mismo ante el mundo. Hay quienes poseen el autoconcepto de deportistas porque caminan algunas cuadras y usan zapatos tenis los fines de semana. La importancia del autoconcepto en mercadeo radica en intentar conocer la imagen que cada persona tiene de sí, y por ende, saber cuál será el mejor estímulo o elogio a su persona para motivarle en determinado sentido. Así, sin importar que el individuo sea o no un verdadero deportista, lo que nos interesará es que tenga el autoconcepto.

Además, tenemos las **actitudes**, las cuales se clasifican simplemente como positivas o negativas. Buenas o malas. De tal suerte, resultan útiles para medir la percepción que las personas pueden tener sobre nuestro producto o ciertos aspectos del mismo. Pensar que la marca A es mejor que la B, sin razones valederas demostrables, es sólo una actitud negativa hacia la marca B, quizá forjada por un comentario años atrás, incluso olvidado en el tiempo. Tal la actitud positiva hacia Porsche, incluso cuando ni siquiera se ha tenido la oportunidad de abordar algún vehículo de tal marca. Mucho menos de conducirlo.

En cuanto a **percepción**, decimos que es la manera como el individuo ve al mundo, pero también a los objetos, las marcas, los puntos de venta, los precios y demás. Contraria al autoconcepto, la percepción es pues el concepto que la persona se forma de algo fuera de él, incluso de otras personas, ciudades y demás. En nuestro caso, de productos y marcas es lo relevante. Sin embargo, dicha percepción es moldeada individualmente de acuerdo con las necesidades, experiencias y expectativas de cada persona, con lo que generalmente resulta única.

Sin duda entonces, la percepción es de suma importancia en el ámbito de las comunicaciones en mercadotecnia, y lograr que esta sea estandarizada y positiva en el segmento de mercado al que nos dirigimos es esencial. De tal suerte, resulta vital generar una comunicación que nos permita ser percibidos por el mercado tal como planeamos ser percibidos.

Si bien es cierto la sicología del consumidor contribuye de manera importante a la descripción de un perfil del mismo, también lo es que dicho necesita complementarse, como se ha anticipado, con otras características suyas tales como información demográfica, social, económica e incluso geográfica, que permitan precisar con mayor detalle el mercado meta. Es decir, aquel que seleccionamos como destino de nuestros esfuerzos, pues sólo así lograremos la máxima eficiencia en nuestro propósito de relacionarnos con él específicamente.

A continuación damos un vistazo a esas otras características del consumidor.

Características del consumidor

Respecto de estas, amén del género sexual meramente, sabemos que las personas cambian sus hábitos y su conducta conforme a su crecimiento y edad, y más aún, conforme a las etapas de vida que viven, por lo que conocer tal conducta o comportamiento en cada una de esas etapas resulta de suma importancia para el emprendedor o estratega de la gestión.

Básicamente, como se ha dicho, identificamos al consumidor como hombres y mujeres. Luego, por grupos de edad: bebes, niños, preadolescentes, adolescentes, adultos jóvenes, adultos, la tercera edad y ancianos. Cada cual muy fácilmente identificable.

También identificamos consumidores por la **etapa de vida** que viven y su modus vivendi general en cada una de ellas.

La etapa de estudiante, que para nuestro caso abarca desde la niñez hasta la juventud, y que por tanto resulta imprescindible subdividirla entre escuela primaria, secundaria y universitaria, así como las etapas posteriores, desde solteros jóvenes, recién casados, parejas con hijos pequeños, parejas con hijos mayores y finalmente, parejas sin hijos: el nido vacío, se describen a continuación:

I.   El niño es causa de demanda, en principio, de cuidados y salud; luego, educación, y con ella, uniformes, ropa, refuerzos para las rodillas de sus pantalones y calzado, prioritariamente. Así mismo, frutas y verduras como refacción, aunque también, lamentablemente, comida chatarra. Juguetes. En este caso son los padres quienes compran.

II.   El preadolescente y el adolescente estudiante posee alguna disponibilidad de dinero, aunque limitada, y su decisión de compra será sumamente influenciada por los grupos de referencia, las redes sociales y, principalmente, la moda y lo novedoso, con especial énfasis en cuanto a ropa, calzado y accesorios, tanto como tecnologías de la comunicación TICs. Por supuesto, son el mercado por excelencia para las universidades.

III.   El estudiante universitario o soltero, quien generalmente empieza a generar sus propios ingresos, y en nuestras culturas latinas suele vivir aún en casa de los padres, posee entonces cierto poder de compra que generalmente destina a la moda y lo novedoso, el cuidado personal, el vestido, el automóvil y actividades en restaurantes, cine y discotecas. Aunque se percibe un boom en las actividades al aire libre, los deportes y una vida más sana.

IV.   Los recién casados forman otro grupo o segmento. Ambos trabajan. En este caso, intentan equilibrar el gasto en entretenimiento y diversión con el de responsabilidad, básicamente en cuanto a equipar el hogar, atender a las familias mutuas y prepararse ante la inminente llegada de los bebés, pero sin estrés alguno. Asuntos de seguridad familiar resultan esenciales. Se divierten juntos, tal cuando solteros, aunque con ciertas limitaciones financieras. La construcción de seguridad de cara hacia el futuro adquiere importancia.

V.   Las parejas jóvenes con uno o dos niños menores de 9 años. Ocupados por completo. Ambos trabajando y con la presión por el cuidado de los niños y atender el colegio y el hogar. Se ocupan en piñatas, bautizos, los amiguitos y demás. Es la etapa del correr y correr, por lo que los productos de comida instantáneos así como todos aquellos que simplifiquen la vida tendrán una magnífica acogida.

VI.   Parejas con hijos cuya edad es mayor a 9 años. En esta etapa se consolida la unión. El consumo trasciende como si todos fueran adultos, aunque los niños no compran. Y la pareja vuelve a disponer de algún tiempo para ella. Es la etapa madura, en la que las vacaciones y viajes familiares cobran sentido.

VII.   Parejas con hijos mayores viviendo en casa. El dicho: "cuando los hijos crecen, desaparecen", se hace realidad, pues ahora no se les ve en casa, salvo para cuando sienten hambre. Son dos mundos, dos mercados, con necesidades y deseos distintos, bajo un mismo techo.

VIII.   Parejas ancianas. En nuestro ámbito, alguno de los hijos en la etapa V asume la responsabilidad por el cuidado de los padres ancianos, con lo que las compras quedan a cargo de estos, aunque con el padre o anciano como consumidor.

Como complemento a las etapas descritas, resulta importante también conocer otras características del consumidor tales como su ocupación, nivel de ingresos, escolaridad, entretenimientos favoritos, actividades de fin de semana y otras similares que le identifiquen plenamente. Entre más, mejor. Y entre ellas, no puede faltar el área geográfica que habita.

De tal suerte, una vez realizada la investigación necesaria sobre los potenciales consumidores, debemos ser capaces de describir a un grupo de ellos con determinadas características en común. Un segmento de mercado, tal como:

- Guatemaltecos mayores de 18 años. El cual será segmento para un partido político, pues la única variable que interesa en tal sentido es que sean mayores de edad para tener potestad en emitir el sufragio. Aunque a sabiendas de la emocionalidad en la gente joven, y su mayoría poblacional, son susceptibles de un segmento político más específico que considere la ideología.

- Mujeres centroamericanas de 12 a 16 años, habitantes de la región rural, con escasa escolaridad, que viven en pobreza. Un probable segmento para desincentivar la migración hacia los USA o anunciar programas de desarrollo social.

- Profesionales jóvenes, habitantes de la ciudad capital, solteros, deportistas, amantes de la ecología y su país, y con afán de aventura. Un segmento ideal para empresas dedicadas al turismo extremo dentro o fuera del país, de alto precio y con muchos valores agregados.

Entre 5 y 7 características serán suficientes para definir con alguna precisión a los integrantes de un segmento de mercado, y con ello, afinar y consolidar mejor las estrategias de mercadotecnia y comunicación en el segmento.

Situaciones de compra

Otra característica que resulta indispensable conocer para definir la estrategia de mercadotecnia es identificando la manera **como el consumidor compra**, de la cual existen tres formas básicas:

Impulsivamente, para los productos de compra rápida, como llamamos a aquellos que el consumidor toma y paga sin esfuerzo alguno, tal cual periódicos, golosinas, bebidas gaseosas y similares, que son ampliamente conocidos, tienen precio bajo y una **intensa distribución** dentro del mercado, con lo que los encontramos frecuentemente. La conducta al comprarlos es en realidad rutinaria.

Comparativamente, para productos que exigen ser comparados unos con otros previo a tomar la decisión de compra. Es decir, aquellos productos cuyo precio, estilo y conveniencia o adecuación, el consumidor evalúa más detenidamente, visitando incluso varios establecimientos para ver distintas opciones y marcas, e incluso pidiendo consejo a quienes han probado o conocen el producto, en procura de obtener el máximo provecho posible a su dinero. Estos productos presentan una **distribución selectiva.**

Y de **especialidad**, como son aquellos productos cuya compra es resultado de fidelidad absoluta por parte del cliente, con lo que no acepta sustitutos o copias, e invierte esfuerzo, principalmente tiempo y dinero, en asegurarse que compra genuinos. Generalmente son productos de marca, con denominación de origen o prestigio, tal cual los relojes Rolex o las joyas de Tiffany & Co. Se caracterizan por una **distribución exclusiva.**

Una vez revisados estos conceptos acerca de la sicología y la conducta o comportamiento del consumidor, estamos preparados para dar un vistazo a un proceso de compras general.

Proceso de compra: generalidades

Desde el momento en que por vez primera siente la necesidad de adquirir un producto hasta que lo consume, el consumidor realiza un **proceso de compra**. Siendo este tan complejo o tan simple como conozca al producto en cuestión, el nivel de sacrificio que le requiera obtenerlo y sus expectativas y experiencias previas con productos similares o de la misma categoría. Así, la compra de una bola de helado no precisará de un proceso tan complejo como puede requerirlo la compra de un fino reloj suizo, máxime si el potencial comprador nunca ha utilizado reloj alguno.

Como todo proceso, este también necesita iniciarse, nacer, o como le llamamos en mercadeo, motivarse. Despertarlo, para que una vez el cliente sea consciente de esa motivación interna en él, actúe en procura de su propia y pronta satisfacción.

Las necesidades básicas no requieren de mayor esfuerzo en cuanto a despertarlas, pues tal como comer resulta indispensable nuevamente a las pocas horas después de haberlo hecho, al igual que beber o dormir, conforme tales necesidades se tornan más complejas, como el mismísimo hecho de dormir, pero sobre un esponjoso colchón de plumas, o querer comer un asado de ternera o beber un refresco de rosa de Jamaica, el proceso de satisfacción también se torna poco más complejo. **Las necesidades básicas se transforman en necesidades elaboradas**, o deseos, como se explicó anteriormente.

Sí, dormir, pero más cómodo. Comer, pero con un sabor especial. Apagar la sed, pero con refresco, son necesidades cuya satisfacción ha sido moldeada o aprendida, no pocas veces por la publicidad misma, aunque no estrictamente. La educación en el hogar forma hábitos y motivos, por ende, también necesidades elaboradas o deseos.

Así, despertar necesidades elaboradas sí que es tarea ardua de la publicidad. Motivar necesidades que estando latentes en el cliente, con el estímulo publicitario adecuado, pasen de ese estado pasivo en él, a otro totalmente activo que lo motive a buscar la manera de satisfacerlas, pero, justo de la manera o modo que la publicidad indica, es todo un reto.

Y digo ardua y reto pues tal es sumamente difícil de lograr, ya que una vez despierta la necesidad, el hecho de satisfacerla inmediatamente o a largo plazo, tanto como con el producto y la marca que la publicidad indica u otra más, o con productos de segundo uso, prestándolo de otras personas e incluso simplemente alquilándolo durante algunos días, o peor aún, comprando el de la competencia, obedece a otros factores a analizar en el programa de mercadotecnia, como lo puede ser la relación precio-mercado, la disponibilidad, distribución y cobertura geográfica en el mercado, el estilo, la forma, el color y el sabor, entre otros muchísimas otras variables.

Sí, motivar la necesidad es sólo ello, sin garantía alguna de que dicha será satisfecha con el mismísimo producto y marca que la publicidad muestra.

La publicidad de un restaurante de comida rápida podrá motivar nuestra necesidad elaborada por una hamburguesa, pero de ninguna manera podrá impedir que de pronto decidamos prepararla en casa, con lo que algo del programa de mercadotecnia no funciona adecuadamente. Sea por el precio, por la distancia que es necesario recorrer hasta el restaurante más próximo, porque no las consideramos higiénicas, porque no son nutritivas, engordan o, fuere la razón por la que fuere, no se completó el círculo que la mercadotecnia persigue. Motivar la necesidad, despertarla, pero también satisfacerla con sus propios productos, mediante la venta.

De tal suerte, la publicidad simplemente motiva la necesidad latente en el consumidor, dando inicio a un proceso o conducta que, idealmente, terminará en la compra de determinado producto-satisfactor.

Analicemos. ¿Qué entonces debe anunciar, por ejemplo, Mc Donalds? ¿Sus hamburguesas o su restaurante propiamente? ¿O una mezcla entre ambos, quizá 35% y 65%? ¿Qué opinas? ¿Son sustituibles las hamburguesas de esta cadena? ¿Y su ambiente? ¿Puedes producir en casa el ambiente de una tienda de comida rápida? ¿Difiere el ambiente de un restaurante X, en relación con uno Y? Responder estas interrogantes nos ayuda a inferir que quizá resulta mejor hacer publicidad del ambiente que de la hamburguesa.

En la compra de un televisor, por ejemplo, una vez existe la necesidad, el consumidor potencial podrá iniciar una búsqueda de información sobre el producto, para lo cual entrará en una fase mental identificada como **exposición selectiva** respecto a dicha información. Es decir, prestará especial atención a aquella publicidad referente al producto que busca. Mirará el diario como de costumbre pero de inmediato notará anuncios acerca del televisor, incluso sin buscarlos directamente y que antes pasaron desapercibidos. Incluso, puede darse el caso de un auto nuevo a bajísimo precio, pero como él está buscando información acerca de televisores, la publicidad del automóvil le será intrascendente, incluso quizá ni la vea. Verá pues con interés todo aquello que mencione televisores.

Adicionalmente, debemos evaluar también cuán complejo resulta el proceso de compra en sí. Como se ha señalado, depende de varios factores, ya que para muchos consumidores, la evaluación y compra de una licuadora puede ser tan rutinaria como la del pan diario, sin embargo, para otros, la mismísima licuadora puede ser una compra novísima, y carecer además de experiencia alguna en su uso, por lo que su proceso de compra será sumamente complejo en comparación con la persona que sí posee experiencia.

Además, es necesario tomar en cuenta que para una familia de padre, madre y 2 niños, cuyos ingresos mensuales oscilan en los $ 10,000.00, comprar una licuadora de $ 50.00 no representará mayor apremio ni riesgo, como contrariamente le sucederá a una persona cuyos ingresos mensuales apenas alcanzan los $ 600.00. De igual manera, un consumidor que recién 4 o 5 meses atrás compró una licuadora y a los pocos días se le arruinó, se tomará más tiempo en conocer mejor acerca del producto y sus cuidados y mantenimiento durante su segunda compra. Amén de que difícilmente comprará la misma marca.

Por otro lado, así como todos los días "nacen" nuevos consumidores de Coca Cola, es decir, personas que por vez primera beben dicha bebida carbonatada, de igual manera hay diariamente nuevos consumidores de Alka Seltzer, Kerns, Nivea y demás productos de consumo masivo. Por el contrario, seguramente no todos los días se vende en nuestro país un Porsche descapotado de US $ 175,000.00 o un reloj Rolex de US $ 25,000.00, pues como productos de exclusividad que son, su venta no es masiva y su publicidad y distribución por ende tampoco intensivas sino más bien exclusivas, en una sinergia absoluta enfocada en ese especial segmento de mercado que posee los ingresos y el estilo de vida para comprar los tales.

En el caso de los productos de consumo masivo, la publicidad abunda en diversos medios de comunicación e incluso los productos mismos libran una feroz batalla por ocupar las mejores ubicaciones físicas en los anaqueles de tiendas, abarroterías y supermercados. Los vemos sin necesidad de buscarlos, en todas las tiendas y establecimientos del género, e incluso en farmacias y tiendas de conveniencia gracias a su intensa distribución cobertura. Sus niveles de precios generalmente son bajos o medianamente bajos, con el propósito de ser consumidos por las mayorías poblacionales, pues su alto volumen de venta es necesario, por lo que la distribución citada resulta imprescindible que sea intensiva.

Los productos de exclusividad por su lado, como lo son el auto Porsche y el reloj Rolex, a pesar de la imagen y prestigio de que gozan, tendrán una publicidad más enfocada, incluso directa con quienes previo han comprado alguno, como se llama a la personalizada. Un nuevo cliente potencial quizá incluso tenga que buscar la publicidad para informarse mejor respecto a dichos productos. El medio a utilizar, por excelencia, serán las revistas especializadas, donde breves textos apoyarán la fotografía. De igual manera, las páginas web, en las cuales el texto podrá ser abundante, aunque organizado, por excelencia. La distribución cobertura es totalmente exclusiva, con un distribuidor por cada muchos miles de kilómetros cuadrados y la compra podrá hacerse incluso por encargo, con varios meses de anticipación, escogiendo colores y acabados especiales, tanto en carrocería como en tapicería. El cliente generalmente no dudará de la calidad del producto, aunque no pocas veces su decisión de compra quizá obedezca más a algún interés por adquirir imagen y status, por lo que inferimos la existencia de 2 segmentos de mercado, cuando menos. Uno que compra calidad, incluso seguramente por tradición familiar, con fidelidad a la marca y a su respaldo, y otro que simplemente compra status y novedad.

A continuación, a manera de ejemplo, se narra un proceso de compras de Juan. Profesional de 30 años, soltero, gerente de mercadeo en una transnacional y que recién ha realizado un gran negocio para la empresa en que trabaja, por lo que ha recibido un premio en efectivo de varios miles de dólares americanos. En principio, piensa comprarse con ese dinero un auto de alta gama. Algo totalmente diferente, exclusivo, con el cual dar a conocer su éxito profesional. Sólo un verdadero estratega recibe un premio de US $ 50,000.00 extras. Quizá un Porsche, se ha atrevido a pensar.

¿Por qué un Porsche? ¿Cómo supo Juan acerca de esa marca y por qué piensa en la posibilidad de comprarse alguno?

Porsche es una marca de autos que la mayoría de hombres conocemos por su imagen ampliamente difundida, ya que lo observamos en películas, competencias de autos, exposiciones, festivales, programas de TV y demás, aunque Juan, como muchos de nosotros, quizá nunca ha tenido la oportunidad de conducir alguno. Ni siquiera de abordarlo.

Quizá la primera vez que supo de Porsche fue cuando niño, jugando a los carritos, y su papá le compró alguna réplica del modelo 911 y le comentó sobre los fantásticos atributos de dicha marca. Desde entonces, las palabras de su papá posicionaron en la mente de Juan a Porsche como una gran marca. Como un gran automóvil. Como el mejor. La última vez que Juan vio publicidad de Porsche fue quizá 5 meses atrás, en alguna revista.

Considerando la distancia entre su oficina y la agencia de automóviles que distribuye Porsche en su ciudad, decide que será el sábado cuando vaya a ver los autos y conversar al respecto. Entre tanto, ingresa a la página web del sitio.

La página web, organizada de manera que toda persona alrededor del mundo tenga acceso a la información ahí disponible, despliega en un principio las opciones para la región geográfica desde donde se solicita y en el idioma natural de la misma.

Juan ingresa al site de su país y luego se dirige dentro de la página a ver las distintas alternativas de autos, y los precios, los cuales ve que exceden en varios miles de dólares el monto del premio que recibió. Pero bueno, en su mente ha concebido una idea y tiene planificado ir el sábado a la agencia, así que se esfuerza en pensar que quizá ese día podrá encontrar algo a un precio más bajo.

Pero esa oportunidad de mostrar su intención de compra, la que a su vez conlleva alguna capacidad financiera manifiesta, piensa no dejarla pasar por alto, de acuerdo con su personalidad y su necesidad de status. Quiere aprovechar el momento y dar a conocer a alguien o a algunos de sus amigos su intención de compra. Así, llama por el teléfono celular a Armando y lo invita a que lo acompañe en tal periplo el día sábado.

Armando, una vez enterado de la inquietud de la novedosa compra que su amigo piensa realizar, también ingresa al site de Porsche y se entretiene viendo los distintos modelos, aunque ni por asomo posee la capacidad financiera para pensar siquiera en comprarse alguno. Lo cual no le impide soñarlo, mucho menos verlos desde la página web.

Por la noche, cuando Juan llega a casa, le comenta a su padre la intención que tiene de comprarse un Porsche. La experiencia y madurez del señor le dicen que lo piense muy bien, pues no es un auto común y corriente como los que hasta ahora han tenido en la familia. El mantenimiento ha de ser sumamente oneroso, amén del cuidado rutinario que exige, pues será sumamente molesto estacionarlo en las inmediaciones de un centro comercial y que alguien le raye la pintura accidental o intencionalmente. Juan, ante tales comentarios racionales, amén del precio que observó en la página web, empieza a vacilar. Duda aún más de la posibilidad de lograr su anhelo.

Pocos minutos después, Armando le habla nuevamente y le cuenta que ha visto los autos en la página web y que son fantásticos. Lo felicita y le augura una compra muy buena. Le dice también que Mónica, su novia, lo acompañará el sábado, y que sería bueno invitar también a Silvia, la novia de Juan. Éste acepta, la llama y la invita. Ella también responde emocionada y acepta ir.

Los comentarios de Armando y la emoción de Silvia dan impulso nuevamente a la decisión de Juan, aunque mantiene en el pensamiento las palabras de su papá y los precios que ha visto.

Armando y Silvia, tanto como el papá, influencian la decisión de compra, aunque en sentidos opuestos; y el precio, al parecer escapa a su capacidad y disponibilidad financiera, siendo por ahora un potencial obstáculo para hacer realidad su sueño.

El miércoles, durante el almuerzo con el gerente de la compañía, quien posee una flamante Porsche Cayenne, Juan le comenta sus planes de compra y le pregunta acerca del consumo de combustible. El gerente se ríe y le dice que cerca de 35 kms por galón, pero que quien compra un Porsche no se preocupa mucho por el consumo de combustible, pues se supone que si tiene dinero para comprar el auto, lo tendrá para pagar la gasolina. Además, menciona el gerente, los servicios mecánicos al auto rondan los US $ 1,500.00, cuando no hay necesidad de cambiar alguna pieza.

Juan inmediatamente hace nuevos cálculos numéricos y de inmediato percibe aún más lejos la posibilidad de comprarse tal auto, aunque como todavía no ha tenido un contacto directo en la sala de ventas de la marca, mantiene la esperanza, aunque lejana, de quizá encontrar alguno. Probablemente de segunda mano, con pocas millas recorridas. La ilusión, por un lado, y la realidad por el otro, le generan cierta incertidumbre, incluso aún sin conocer de cerca el producto.

En el transcurso de la semana, Juan ingresa varias veces al site de Porsche, aunque ahora prestando más atención a la información relacionada con el consumo de combustible y el mantenimiento que requiere el auto que añora. Su entusiasmo emocional paulatinamente va cediendo lugar a su análisis racional de la situación, aunque tiene decidido el color de la carrocería: rojo, y la tapicería, de cuero, color negro.

Finalmente llega el sábado, y aunque con más dudas e incertidumbre que el lunes, Juan, acompañado de Sylvia, y

Armando, de Mónica, se dirigen a la agencia de Porsche en la ciudad.

La recepción no es más cálida, cordial o profesional de lo que sería en otras agencias distribuidoras de autos, como se lo esperaba, sin embargo, en cuestión de 15 a 20 minutos de conversación con el vendedor, Juan termina por aceptar que no puede comprarse tal auto. Cuando menos, no en ese momento. No con los US $ 50,000.00 que posee. Sin embargo, tampoco se lo comunica a nadie, y se limita a ofrecerle al vendedor que volverá.

Media hora después, los 4 amigos degustan sabrosas viandas en un restaurante de mariscos.

Juan observa su Mazda 626 de dos años atrás y la enorme diferencia que tiene con el Porsche Cayman que lo sedujo por completo, aunque también era el más accesible en precio. Aún sueña con que podría comprarlo, pero sabe que sólo es eso: un sueño. De pronto, observa que llega al estacionamiento del restaurante un bello automóvil color gris. Por los círculos al frente, deduce que es un Audi. Le parece ideal, y seguramente tiene un precio más bajo que el Porsche. Pronto sabe que es un Audi A5.

La semana siguiente transcurre sin novedad alguna, aunque Armando se pregunta constantemente qué habrá sucedido que no ha visto el nuevo auto de su amigo. Por su lado, Juan en pleno proceso de compra, luego de comprobar que no podía comprar el auto que en un principio quería, ha retrocedido a una nueva búsqueda de información y evaluación de alternativas, prestando a la vez suma atención a cuanto anuncio observa y escucha respecto a automóviles.

Finalmente, ocho días después, el lunes por la mañana, Juan llega a la oficina a bordo de un flamante automóvil color rojo tinto, de marca coreana, del año, y lo estaciona sin más.

Armando, quien no da crédito a lo que ve, pregunta qué sucedió, por qué tal cambio de decisión tan drástico.

Amén de confesar su ignorancia con respecto a lo que implica comprar un auto de tanto prestigio, calidad e imagen, como lo es Porsche, Juan admite también que fue convencido por su padre respecto de la importancia de cuidar los recursos, en este caso, el dinero que ganó como premio. Y más aún, que lejos de gastarlo, debería invertirlo. De tal suerte, y luego de pensarlo durante la semana, compró un auto de US 17,000.00, invirtió otro monto similar en un terreno para construir a futuro, donó computadoras para la escuela de su pueblo, donde seguramente serán de mucha utilidad y abrió una cuenta de ahorros en la que ha depositado el remanente del dinero.

¿Qué sucedió? En este caso se puede inferir que la imagen de marca, tan ampliamente conocida, y el posicionamiento de la misma en Juan, lo influenciaron a la búsqueda del producto; pero él, sin duda, no forma parte del segmento de mercado ni del grupo objetivo al cual la marca de autos dirige su publicidad, ya que carece del dinero necesario para comprarlos. Y esa es una característica importantísima del mercado: poseer capacidad de compra.

De igual manera, reconocemos que la imagen de marca no sólo se produce mediante la publicidad, sino también necesita del sólido respaldo de la calidad en sus productos, todo lo cual la lleva a ser aceptada plenamente, incluso por quienes no son sus clientes. De tal suerte, en este caso ha sido la percepción total de los atributos de Porsche la que le confiere tal poder para ser una marca anhelada o deseada.

La marca Porsche y sus productos son de los llamados aspiracionales, dado que todo mundo aspira a tenerlos, aunque sólo algunos puedan hacerlos realidad en su garaje. Son un deseo.

Una marca cuyos productos poseen tal capacidad de satisfacción, tan minuciosa y meticulosamente elaborada, que satisface a todo un conjunto de deseos o necesidades elaboradas específicas, las cuales van desde el tamaño de las llantas que dichos autos utilizan, hasta la ergonomía de sus asientos, su tapicería, luces, potencia del motor, la forma aerodinámica, el zumbido del motor en el escape y demás características que, una a una, suman hasta lograr todo ese conjunto de satisfactores en un producto único.

Sin embargo, es preciso mencionar que a pesar de los esfuerzos por segmentar y definir grupos objetivo precisos para la comunicación empresarial, es imposible tener control sobre quiénes la recibirán y quiénes no; de hecho, en su momento veremos que existen receptores intencionales y receptores no intencionales para la comunicación publicitaria. Juan, de haber recibido publicidad de la marca, habría sido por error, pues es un receptor no intencional.

Los **influenciadores,** en este caso: el amigo, Silvia, el padre de Juan y el gerente de la compañía, habrán tenido tanta influencia en el proceso como imagen o autoridad les atribuya Juan. Era de esperarse entonces que finalmente concediera más valía a la opinión de personas mayores que a la de su amigo, en una decisión tan trascendental. Aunque sabemos que tampoco tenía el dinero suficiente para la compra.

Podemos inferir, además, que este tipo de toma de decisiones, eminentemente racional, obedece a su personalidad, pues no por otra causa es exitoso en su gestión laboral y obtuvo un premio. Quizá con otra personalidad, la emoción lo hubiera llevado a contraer alguna deuda.

¿Habrá sido mal desempeño de parte del vendedor de Porsche, pues si hubiera presionado y comprometido, Juan quizá hubiera comprado? No. Nosotros conocemos la verdad, Juan tenía la ilusión, y emocionalmente se dejó llevar por la misma hasta que afrontó la realidad. En este caso, con un precio que no podía objetarse o negociar de manera alguna. Por su parte, el vendedor debe ser responsable y profesional en su trabajo de ventas, identificando rápidamente las necesidades del cliente y las alternativas que las satisfacen. Quizá si hubiese tenido alguna otra marca de autos a disposición, poco más accesible en cuanto a precio, pudo haberlo ofrecido, pero lo que sí debe quedar claro es que la venta a presión no es propia de empresas en procura de relaciones armónicas. Más bien es totalmente arcaica.

Veamos otro ejemplo de los hábitos de compra de Juan.

Temprano del siguiente lunes, como de costumbre, Juan pasa a poner gasolina en el tanque de su flamante automóvil último modelo. Lo hace como de rutina, en la gasolinera que le queda justo sobre el camino cuando va hacia el trabajo. Al lado derecho del camino.

No lo hace cuando regresa, pues estando situada la gasolinera a la orilla del carril ubicado entonces a su izquierda, en sentido contrario, tendría que recorrer un kilómetro más dentro del denso tránsito de la tarde para llegar al próximo retorno y así poder regresar a la gasolinera, poner la gasolina y luego buscar el siguiente retorno calle abajo para finalmente regresar a su casa. Un recorrido que evita cuando pone gasolina al momento de salir de casa.

De tal suerte, hacerlo por la mañana es un hábito de compra totalmente formado en él. Su manera de actuar es espontánea. Y si le preguntamos la marca de gasolina que ahí expenden, quizá no la recuerde. Es más, seguramente tampoco sabrá el precio exacto del galón de combustible. ¿Por qué entonces prefiere esa gasolinera? Quizá cuando llegó a vivir a esa área era la única que había en las inmediaciones, y ha comprado en ella desde tanto tiempo atrás que se le ha convertido en hábito.

¿Qué sucedería si abren una nueva gasolinera sobre el carril contrario que le permitiera poner gasolina por la tarde, cuando regresa del trabajo? ¿Modificaría Juan su hábito? ¿Qué tan indispensable es para él hacerlo por la mañana en contraposición a por la tarde? O será que luego de tanto tiempo, Juan posee también cierta familiaridad con el personal de la gasolinera e incluso se siente más seguro en ella. ¿Incide la seguridad policial de la gasolinera en la compra de combustible?

¿Cómo la nueva gasolinera puede atraer a Juan? ¿Cómo puede romper ese hábito tan arraigado en él? Estas interrogantes son sólo algunas de las que como mercadotecnistas intentamos dilucidar y descifrar mediante investigación, para luego tomar decisiones lo "más" acertadas posibles.

Para Juan, luego de tanto tiempo, la gasolinera es simplemente una estación de servicio cuya ubicación, disposición y proceso de compra no le exige en absoluto mayor tiempo ni pensar o tomar decisiones en cómo hacerlo. Es más, su experiencia de compra en ella, aunque no es maravillosa, es buena, pero sobre todo, práctica. Rutinaria.

Sin embargo, cierto lunes, él se despierta bastante tarde y le es imposible poner gasolina en su tanque por la mañana. Con la facilidad de una nueva gasolinera, ubicada justo sobre el carril de retorno, como la imaginamos párrafos atrás, inmediatamente piensa que al regreso se detendrá en ella para poner el combustible necesario.

Por la tarde, cansado, pero sin la prisa de las mañanas, cuando Juan conduce de regreso a casa, disminuye la velocidad cuando ve el rótulo luminoso de la nueva gasolinera y a los pocos segundos ingresa al área de servicio. Se detiene algunos metros antes de las bombas de gasolina y observa los rótulos para identificar el autoservicio. Lo ve, se estaciona al lado de una de las bombas, desciende del auto y busca luego la oficina de pago. En esas se encuentra cuando un miembro del personal de piso o servicio, viéndolo desorientado, le indica donde está ubicada la caseta de pago al tiempo que le ofrece limpiar los vidrios del auto. Juan responde con un —claro, gracias, — y se dirige a cancelar previo su autoservicio.

Una vez en la caseta de pago, percibe inmediatamente un trato diferente de parte de la persona que le recibe. Desde las buenas tardes, pase adelante, hasta la pregunta mágica: —¿En qué puedo ayudarle? — Y una vez paga y se dispone a salir a poner su combustible, recibe las palabras mágicas de agradecimiento: —¿Puedo servirle en algo más? Gracias por su compra. Estoy a la orden, mi nombre es Luis Elgueta. Espero que vuelva —

Además, una vez él mismo ha puesto la gasolina en el auto, el empleado de servicio en bombas se acerca nuevamente y dice: —Señor ¿puedo ayudarlo en algo más? —
— No, gracias.
— Bueno, estoy a la orden, mi nombre es Luis Pedro.

El hecho de proporcionarle al cliente nombres propios sí que hace personal el servicio. En concreto, lo personaliza. Así que Juan sale positivamente impresionado de esa nueva gasolinera. Siempre y cuando las otras variables del servicio no mencionadas hayan sido cuando menos iguales a las de la otra gasolinera.

¿Romperá entonces su hábito de pasar por la mañana a la otra gasolinera? No tenemos certeza. Nadie podría arrogarse tal calidad de predecir el futuro, pero lo cierto es que se ha sembrado, y de continuar haciéndolo, tarde o temprano seguramente se cosechará. Es el único resultado posible de un buen servicio. De un buen programa de mercadotecnia que concibe, diseña y construye una experiencia de compra magnífica para su cliente.

En este caso puede incidir positivamente extenderle cupones al cliente por X valor para que utilice uno en cada próxima ocasión que ponga gasolina. 5 cupones, quizá, pues habrá que determinarlo con investigación. Lo importante será establecer si 5 compras serán suficientes para formar en Juan un nuevo hábito de compra que lo "eduque o forme" como nuevo cliente. O por lo contrario, determinar si será suficiente con la calidad del servicio personal que se le proporciona, para atraerlo y retenerlo como cliente, o quizá 10 cupones.

Entre cientos, cabe una pregunta más. ¿Hubiera ido Juan a esa nueva gasolinera si la marca de gasolina no fuera la misma que la de la gasolinera al otro lado del carril?

Bien. Los procesos de compra descritos son simplemente un pequeño atisbo a la inconmensurable posibilidad de situaciones de compra que el consumidor vive y experimenta, y que el mercadotecnista debe investigar y conocer.

Declarar que se comprende al consumidor y saber con la antelación necesaria cómo responderá ante determinado estímulo, sea este un anuncio, un producto, el precio u otro, precisa de una constante relación y comunicación con él, que permita comprenderlo a plenitud y, por ende, responderle como él requiere. De tal suerte, el estratega procurará permanecer siempre en contacto directo con él, o cuando menos a través de equipos de personas profesionales altamente capacitadas para recopilar y trasladar datos pertinentes para generar información que sirva para el análisis y la toma de decisiones, principalmente, reitero, para conocer y comprender a su cliente, pues sólo así el estratega podrá diseñar y construir una magnífica experiencia de compra para él.

Siempre en esta línea de la sicología del consumidor, resulta imprescindible revisar otros temas tales como las motivaciones y los motivos ocultos, los cuales revisamos a continuación.

Motivaciones y motivos ocultos.

Una motivación es una necesidad latente que ha pasado de un estado adormecido o inconsciente a uno activo o consciente gracias a algún estímulo externo que la ha despertado, tal como lo es la publicidad o la mera necesidad por hacer o lograr algo, tal el caso del carpintero que en determinado momento se percata de que necesita dar mejor calidad a su trabajo, por lo que requiere un cepillo para madera.

En el caso del carpintero, un mejor acabado en el trabajo que realiza es su motivación específica, aunque para lograrlo pueda hacerlo con un cepillo de mano, eléctrico, una lijadora e incluso con su vieja esmeriladora acondicionada de cierta manera. Lo que interesa, en todo caso, es un mejor acabado a su trabajo. Sin embargo, cuándo nos asomamos a la decisión de cuál producto en esencia requiere realmente, es cuando entran en juego los motivos ocultos. ¿Por qué un cepillo de mano? ¿O eléctrico? ¿O una lijadora o adecuar su esmeriladora? ¿Costos? ¿Otros usos probables? ¿Disponibilidad de dinero? ¿Comodidad?

De tal suerte, a primera vista, lo que se requiere es un mejor acabado en el trabajo de madera, pero a la vez se requiere que sea con un precio que haga valer la pena comprar el artefacto, o por su pequeño tamaño, por la comodidad que implica utilizarlo, porque luego será factible usarlo de tal o cual otra forma, entre otras muchas posibilidades. Entre otros muchos motivos ocultos

Sin duda, la faena de profundizar en la sicología y la mente del consumidor tiene su punto culminante en la identificación de esas razones o motivos por los cuales él hace lo que hace, compra lo que compra y deja de comprar lo que deja de comprar, sin que él mismo se percate la mayoría de las veces del porqué lo hace o deja de hacer.

Sí, identificar ese "no sé por qué, pero ese es el que quiero" es el punto culminante de la investigación de la sicología del consumidor, pues es el que nos explica por qué actúa como actúa en relación con las características de los productos y las marcas.

Pero, ¿cómo conocer esas respuestas cuando ni siquiera el mismo consumidor sabe generalmente por qué prefiere tal o cual producto? Pues bien, de este tema se ocupa la investigación de motivaciones. La cual persigue descubrir las necesidades enraizadas en el subconsciente del consumidor. El porqué de su conducta.

Si bien es cierto la investigación de motivaciones es de carácter eminentemente cualitativo, y por ende carente por completo de valor estadístico, la información que nos brinda mediante entrevistas de profundidad o interactuando con grupos focales es de suma importancia para la toma de decisiones por cuanto nos muestra y explica la causa primordial por la que el consumidor piensa o actúa de tal o cual forma ante determinado objeto o situación.

De hecho, gracias a la investigación motivacional ha sido posible identificar que los neumáticos en color negro de los automóviles proporcionan mayor seguridad, así como que el té debe ser oscuro y la pasta de dientes tanto como los detergentes producir espuma, entre otros, para ser valorados y aceptados por ciertos mercados o segmentos.

Tales motivos ocultos han sido formados en el consumidor a través del tiempo, tanto por su innato proceso de crecimiento, aprendizaje y desarrollo, como por sus particulares creencias, actitudes y percepción que se ha formado de las cosas.

Sin embargo, los motivos ocultos son propios de ciertos mercados o segmentos, como lo es el caso del té, que en el caso del consumidor americano debe ser de tonalidad oscura para que sea bueno, en tanto que para el consumidor oriental, dado su mayor conocimiento al respecto, no precisa tal intensidad de color en el mismo. Por lo contrario, el caso de los neumáticos en color negro, dado que dicho color ha sido universal, el mismo motivo oculto, sensación de seguridad, estará presente tanto en un consumidor en la China como en otro en Ecuador.

De igual manera, gracias a este concepto de motivos ocultos fue posible determinar que el consumidor de una cadena de comida rápida famosa por sus hamburguesas no posee dicha fama por las tales per sé sino por el ambiente que la misma propicia.

La investigación de motivaciones es uno de los más apasionantes e interesantes temas de la mercadotecnia, por lo que conforme el estratega crece y se desarrolla, descubrirá que puede ser capaz de realizarla incluso en una conversación sencilla con sus clientes, con lo que tales relaciones se tornarán indispensables para conocer de primera mano el porqué de muchas de las conductas y respuestas.

De hecho, esta es razón primordial para que los altos ejecutivos desempeñen posiciones de contacto directo con los clientes cuando menos un par de días al año.

Por si fuera poco, las comunicaciones y la relación con el mercado se basan no pocas veces en lo que la investigación de motivaciones establece.

Apuntes sobre sicología y comunicación

Todo estímulo que pretendemos afecte al ser humano es potencialmente comunicador de algo, y como consecuencia, potencialmente productor o generador de una respuesta. Sea esta en forma de sentimientos, recuerdos o acciones.

Desde los estímulos visuales: cuando observamos el rótulo de nuestro restaurante preferido; o auditivos, cuando escuchamos el clip de audio del anuncio por radio de ese mismo restaurante. Olfativos, cuando pasamos frente a su puerta y percibimos el aroma de los ajos friéndose en el aceite de oliva junto con la albahaca y se nos despierta el apetito, hasta cuando ante una onda gélida, la televisión nos muestra el agradable calor de los leños ardiendo en la nueva chimenea: todos y cada uno de ellos tienen el propósito de ser percibidos por el individuo. Aunque no siempre lo logren.

Sí, los estímulos son potenciales comunicadores, pues en caso de pasar desapercibidos, como lo sería el caso del joven que presta más atención a su Ipad que al mundo tras la ventana del autobús, el rótulo de restaurante, cual estímulo visual, no habrá logrado comunicar y mucho menos producir sentimiento, recuerdo o acción alguna en el joven. Si dicho estímulo falla en llamar la atención del individuo, dejará de ser estímulo, por completo, para ser algo que incluso puede pensarse que nunca ha existido. Como suele suceder cuando preguntamos: ¿viste eso? Y quien nos acompaña responde. ¿Qué? ¡No, para nada!

Así, todo lo que intentamos comunicar al cliente, sea a través de publicidad en radio, televisión, cable, internet, vallas panorámicas o noticias, envases, empaques, decoración, ambiente y demás, tiene como objetivo primordial llamar su atención y afectarlo, lograr fuerte incidencia en su estado de ánimo y predisposición para que sienta, recuerde y, principalmente, actúe. Sea para tomar un café a media tarde, comprar productos de ferretería, suntuosas joyas para la esposa, una hamburguesa o una bebida espirituosa en compañía de los amigos durante la noche.

De tal suerte, toda comunicación comercial requiere ser planeada previamente y desarrollada siguiendo determinados criterios preestablecidos.

En el POP, por ejemplo, organizaremos colores, música, textos, iluminación, productos, mobiliario e incluso olores, tanto como la presentación y el modo de atender por parte del personal, incluyendo además la limpieza y brillantez del piso, la ventilación y hasta la forma y colorido del mobiliario de manera que generen un mensaje único y claro para el cliente. Debemos organizar los recursos a nuestra disposición, presentándolos ante el cliente como un solo estímulo potencial. Con la sinergia necesaria entre ellos, para lograr un mensaje total, altamente efectivo y plenamente comprensible para el grupo objetivo.

La comunicación por los distintos medios de comunicación, dentro de la tienda misma y hasta en los productos que el consumidor lleva a su casa, incluso los textos en la factura, deben comunicar de manera acorde y armónica el mensaje central de la estrategia central de comunicación de la empresa, la cual debe diferenciarla y posicionarla en la mente del consumidor de acuerdo con lo que de antemano se ha trazado como objetivo.

Por ejemplo, se puede crear un ambiente comercial que transmita la idea de precios bajos recurriendo a algún desorden en los productos, poca limpieza, iluminación escasa y demás que caracterizan a las tiendas de bajo precio, aunque en realidad los tales no sean tan bajos como se aparenta. En este caso, es la percepción de precios bajos la que atrae al consumidor. Caso contrario, cuando decoramos con una atmósfera de muchísimo valor, ésta automáticamente se convierte en una barrera que ahuyentará a los clientes de bajo poder adquisitivo, con lo que de ser el propósito ofrecer precios bajos, tal decoración no será la más conveniente, salvo que los precios se den a conocer en vitrinas, escaparates o exhibidores que el cliente potencial pueda ver desde afuera del POP, y ayuden a romper la barrera sicológica que nuestra propia decoración impone.

Pero también resulta necesario saber cómo compra el consumidor, cuándo, en dónde y, por supuesto, qué compra. En qué temporada del año, con qué frecuencia, quiénes influyen en él al momento de su compra, cómo usa el producto, qué medios de comunicación ve, escucha o lee, y por cuánto tiempo, qué días de la semana, entre otras muchas respuestas que tienen como propósito ayudarnos a lograr ese importantísimo puente de comunicación con él, pero también para diseñar y construir para él una experiencia de compra agradable y positiva que, como consecuencia, genere la ansiada relación armónica a largo plazo.

Bien, una vez hemos cubierto esta importantísima área de la sicología del consumidor, considero propicio que demos un vistazo al mercado organizacional para conocer sus principales actores y la dinámica de su gestión.

Mercado organizacional

Generalidades

Como se comentó en un principio, el mercado organizacional es aquel en el que la creación e intercambio de productos-satisfactores se realiza entre empresas, instituciones y/o dependencias estatales. Es decir, entre conjuntos o equipos de personas que representan a organizaciones. De tal suerte, dichas personas hacen negocios, compran y venden en nombre de y para la organización; no para su persona o propio consumo. Además, los actores en este mercado lo hacen desde distintas y variadas actividades, tales como industria, comercio, finanzas, agropecuaria, servicios y gobierno, entre los más representativos.

Sin embargo, dada la característica de demanda derivada que este mercado organizacional presenta, se deduce que debe su existencia al mercado de consumo, por ende, al consumidor final, por lo que también en este permanece intacta la importancia de buscar la relación armónica con la comunidad.

Además, dado que el ámbito es eminentemente empresarial e institucional, las actividades y procesos se ciñen más a la economía y al raciocinio dictado y regido por normas, reglamentos y manuales de procedimientos preelaborados, que al impulso de las emociones y las pasiones del ser humano, contrario al mercado de consumo, donde estas últimas predominan mayoritariamente.

De tal suerte, las decisiones de compra que se toman en el mercado organizacional son mucho más predecibles que en el mercado de consumo, pues aunque no dejan de ser decisiones humanas que de una u otra manera están sujetas a la probabilidad de algún leve sesgo subjetivo o emocional, existe un consenso generalizado en apegarse al estricto raciocinio, incluso a esos rigurosos manuales de normas y procedimientos dictados por profesionales que indican cómo comprar.

En esencia, lo que el mercado organizacional compra y vende, intercambia, son utilidades financieras, sea a través de:

- las ventas y la rotación de inventarios
- la reducción de costos
- el incremento de la eficiencia operativa

Pero en todo caso: utilidades. Ganancias. Dinero.

Por supuesto, cuando la empresa adquiere un edificio moderno, de fastuosa arquitectura, gran presencia, decoración agradable a la vista, muchas comodidades y otras características que podrían parecer derroche, en realidad puede estarse comprando imagen, la cual no sólo incentivará las ventas, y por ende la rotación de inventarios, sino también el ánimo y la predisposición del personal, y con ellos, la eficiencia operativa, lo cual nuevamente se traduce en utilidades.

No encontraremos por ende en el mercado organizacional compras sin sentido o compras de impulso o rápidas, pues todo lo que se compra en este tiene un propósito perfectamente establecido, que debe traducirse, insisto, en utilidades. Y de existir alguna compra rápida, lo será porque el costo de no contar con determinado insumo o materia prima en momentos críticos, resulta las más de las veces mucho más alto que esperar a cumplir con cierto procedimiento preestablecido. Como lo es el caso de la carencia de telas en una fábrica de ropa. Incluso, de hilo o de agujas industriales. Nuevamente pues: utilidades.

Cómo compra el mercado organizacional

Al igual que en el mercado de consumo, en el mercado organizacional también se presentan diversas **situaciones de compra**. Iniciando por la **nueva compra**, o sea, la compra por primera vez. La cual, como en toda primera vez, el producto a comprarse, sus servicios agregados tanto como la misma empresa que lo provee serán sometidos a meticuloso análisis desde mucho antes de siquiera tomarlos como potenciales candidatos u opciones de verdadera compra.

Cuando son compras rutinarias o de escaso valor, los mismos gerentes de área podrán decidir sobre proveedores y precios, tal el caso del papel, bolígrafos y quizá alguna silla extra, pero conforme los montos y la importancia de las compras crecen, la alta gerencia interviene, y más aún, los equipos de compras.

Éstos equipos, comúnmente llamados comités de compra, frecuentemente recurren a la **licitación** como mecanismo de compra, ya que esta indica y especifica con total claridad a los potenciales proveedores la calidad, cantidad y características necesarias requeridas en el producto o servicio por adquirir, así como los términos, condiciones y plazos, incluso las penalizaciones y fianzas por incumplimiento o mal desempeño de su oferta.

Los procesos de compra organizacionales pueden durar años, y ser por montos tan elevados como lo implicaría la compra de toda una flota de camiones para la distribución física o de nuevos aviones para el transporte de pasajeros de determinada aerolínea.

Dichos comités analizan y evalúan las propuestas de los proveedores invirtiendo tantos recursos en el proceso como lo amerite el monto de la compra, su impacto en las operaciones cotidianas de la empresa y la magnitud de los objetivos de rentabilidad y utilidad que la misma persigue.

Generalmente, los comités de compra están conformados por personal de finanzas, compras propiamente, el departamento que utilizará los bienes a comprar y la gerencia superior, cuando menos. Aunque en no pocos casos, también con algún experto ajeno e independiente contratado específicamente para asesorar al respecto.

Una vez tomada la decisión de comprar, se evaluará el desempeño de la oferta de la empresa, principalmente, aunque no exclusivamente, desde el momento mismo en que el producto ingresa, hasta cierto plazo preestablecido o que dicho se consuma y desaparezca. Finalmente, se realiza un informe de rendimiento con respecto a la capacidad demostrada por su oferente y el producto en sí para cumplir con lo previo convenido tanto como su contribución al logro de los objetivos de la empresa.

De tal suerte, de dicho informe de rendimiento dependerá que la licitación finalmente se liquide y cierre satisfactoriamente o, por lo contrario, dé lugar al cobro de penalizaciones y fianzas.

En caso se trate de compras que no han merecido todo un complejo proceso de licitación, dicho informe será simplemente una base para que en caso sea necesario comprar nuevamente dicho producto con el mismo oferente, se realice una simple **recompra,** en la que conociéndose de antemano los valores que el producto y el proveedor aportan, el proceso sea mucho menos meticuloso que la primera vez, hasta que en compras posteriores sea simplemente una tarea que incluso lleve a cabo la misma empresa compradora, sin necesidad de servicio por parte del vendedor, como en esencia sucede con las recompras realizadas online con el sistema de relleno de inventarios automático en el mercado del revendedor.

Este **relleno automático** es administrado y controlado por los sistemas informáticos del cliente comprador, aunque con la venía o de mutuo acuerdo con el proveedor. Funciona detectando oportunamente que las existencias de determinado producto han descendido a niveles predeterminados de alarma, y emitiendo automáticamente una orden de compra al proveedor, quien sin más, procede a emitir la factura, despacha y hasta se limita a ver en su banco el depósito de la transferencia monetaria que la empresa cliente hace como pago en su momento.

Un tercer tipo de compra en el mercado organizacional se presenta cuando el cliente o el proveedor requiere algún ajuste en los términos de compra previos, sea en el producto en sí o en las políticas de compra-venta, con lo que surge la **recompra modificada,** la cual si bien es cierto quizá no precise de todo un largo y laborioso proceso como la primera compra, sí requerirá de algún tiempo adicional para revisar y ajustar de mutuo acuerdo las tales nuevas condiciones.

Otras características del mercado organizacional

La estrategia de comunicación en este mercado es totalmente enfocada, directa o personalizada, pues los clientes son pocos, lo que le brinda especial importancia y responsabilidad a la fuerza de ventas y demás personal de contacto para crear la relación armónica. La publicidad es mínima como estrategia de comunicación.

Las compras de materias primas tanto como de otros recursos, y su recepción, están determinadas por la capacidad de producción del comprador, pues la eficiencia en el manejo de inventarios, en este caso de materias primas, posee alta relevancia en los resultados financieros de la empresa. Así, se prefiere hacer varias compras pequeñas que una sola grande durante el año, para evitar mantener un inventario alto de las mismas. A pesar de ello, la cantidad de ocasiones de compra a lo largo del año es mucho menor con respecto a la del mercado de consumo, pero por cantidades de producto y montos de dinero mucho más elevados.

El servicio resulta de sumo valor en este mercado, pues entre otros, el **just in time**: producir lo que se necesita, en las cantidades que se necesitan, en el momento que se necesitan, resulta de primordial importancia en la búsqueda de la utilidad. De igual manera, diversos conceptos relacionados tales como el Quick Response, Normas ISO, Calidad Total y otros, que en síntesis exigen alta tasa de servicio y disciplina a los proveedores, son de uso general.

Una peculiaridad más de estos mercados es su demanda, la cual es totalmente derivada, como consecuencia de la dinámica que las compras del consumidor, el último eslabón de la cadena, imponen en el mercado de consumo.

Así también, cada uno de los distintos mercados organizacionales posee sus propias particularidades y singularidades, lo cual obliga a realizar importantes procesos de investigación y análisis específicos a la dinámica de cada uno de ellos para asegurar el logro de la relación armónica y los beneficios mutuos con sus respectivos mercados.

Por ejemplo, el mercado agrícola, que si bien es cierto se rige como todos por la demanda, lo es también que está sujeto a la temporalidad de las cosechas y su propia naturaleza, y por ende, no posee absoluto control sobre la producción.

Dada la importancia que por su lado el mercado de servicios reviste, tanto dentro del mercado organizacional como del de consumo, a continuación se le dedican las páginas que amerita

El Mercado de servicios

En esencia, el mercado de los servicios produce momentos satisfactorios para el cliente. Sí, en esta propuesta tratamos de momentos-satisfactores producidos por personas, por ahora. Momentos de tiempo que se construyen para satisfacer determinadas necesidades de un mercado específico. Experiencias magníficas de compra.

De tal suerte, al ser tiempo y no cosas o productos, son por lo tanto intangibles. No pueden tocarse ni guardarse o empacarse para regalo. Son experiencias de vida. Y es responsabilidad del estratega que estas sean placenteras. Totalmente placenteras.

Uno de los retos más importantes en la prestación de servicios es su estandarización u homogenización, lo cual es sumamente difícil de lograr, pues cada vez que se produce un servicio, tanto quien lo produce como quien lo recibe, están en diferentes tiempos, es decir: hoy me gustó, pero el viernes, incluso con la misma persona, no me ha gustado. Esto, como consecuencia probablemente del diferente estado de ánimo y predisposición, entre otros, entre este día y el viernes. A pesar de ello, de ninguna manera podemos desistir en nuestra perseverancia por la excelencia en la estandarización de los mismos.

Existen los servicios **individuales o a la medida**, como lo es un corte de cabello, el tratamiento de una caries, la aplicación de radiación contra el cáncer o la confesión ante el sacerdote, en cuyo caso la cantidad de tiempo a consumir será variable, acorde al momento y las características mismas del servicio solicitado. Por otro lado, están los servicios **masivos o impersonales**, tal como un juego de fútbol, la ópera de Verdi e incluso su transmisión por TV, o el transporte desde América a Europa a bordo de un avión, en cuyo caso la cantidad de tiempo a consumir es generalmente fijo y con una calidad estandarizada para determinados grupos de clientes.

En ambos casos, sin embargo, será preciso considerar también un tiempo extra a consumir por parte del cliente en tanto espera la oportunidad de adquirir el servicio-satisfactor. El tiempo de espera, tema del control de operaciones y la teoría de colas que debe revisarse oportunamente.

Un servicio-satisfactor puede ser tan simple como tomar una taza de café de Guatemala en alguna cafetería del aeropuerto Heathrow, o tan complejo como contratar guías para hacer turismo a través de la selva y conocer el sitio arqueológico maya El Mirador o someterse a un tratamiento de quimioterapia y radiación o volar a la estratósfera a bordo de alguna de las ultramodernas naves espaciales para el efecto.

Al igual que los productos-satisfactores, los servicios-satisfactores también son susceptibles de satisfacer diversas necesidades.

Revisemos el lustre del calzado como ejemplo. En esencia, lo que se busca al lustrar los zapatos es limpieza. Limpieza que obviamente mejora la presentación. Presentación que hace sentir mejor al cliente; sentimiento de confianza que abre otro tanto las puertas para la conquista del mundo y, por tanto, de conquistarlo. Habrá, sin embargo, quien lustre su calzado por simple protección y cuidado del mismo. Los motivos por los cuales solicitar un servicio de lustre de calzado pueden entonces variar tanto como cuando compramos un par de zapatos.

Pero además, los servicios-satisfactores también son susceptibles de valores agregados. Así, el servicio de lustre de calzado podemos adquirirlo en el parque con alguno de los tantos limpiabotas en sus inmediaciones, llamando a alguno en especial para que llegue a nuestra casa u oficina, o acudiendo a una máquina de lustre, más rápida, en el centro comercial.

Por otro lado, los servicios también son capaces de generar valor a los productos-satisfactores. Así, un Coca Cola en lata, de $ 0.99 en góndola de supermercado, valdrá $ 2.00 en un restaurante de comida rápida, $ 4.00 en un restaurante formal de mariscos y hasta $ 20.00, en otra góndola, de las que circulan entre los canales de Venecia.

La lata de Coca Cola entonces, en cada caso, ha adquirido mayor valor agregado, y por ende, mayor precio, aunque bien sabemos que su precio "real" es constante, por lo que como producto-satisfactor valdría sólo una fracción del valor total que todo el servicio extra le ha agregado.

En este caso he bautizado a la Coca Cola como un **producto-herramienta**, pues se utiliza para prestar el servicio. Tal el caso del avión y sus carritos con comida dentro, las butacas, su comodidad, las ventanillas, la posibilidad de hablar por celular, ver una película durante el viaje y demás productos-herramienta que contribuyen a generar el servicio completo que se ofrece.

Un viaje placentero en avión no es posible sólo por el avión mismo. De hecho, quizá éste sea el menos importante, pues la comodidad de las butacas, el espacio disponible, las comidas y los aperitivos, tanto como la iluminación y el ruido, entre otros, serán productos y servicios-herramienta que el viajero sin duda alguna sí valorará. La investigación de los motivos ocultos indica cuáles efectivamente son importantes para el consumidor.

Es preciso mencionar también el apalancamiento que se da entre los productos-herramienta y el servicio per se, pues determinadas marcas de productos-herramienta brindarán más apoyo que otras a la calidad del servicio, desde la perspectiva del consumidor, por lo que al momento de incorporar productos-herramienta debemos considerar las preferencias y gustos del consumidor, y no sólo las implicaciones de costo y utilidades, o cuando menos, ponderar la mejor alternativa.

Nunca será igual ofrecer a los pasajeros en un vuelo por Europa un café a secas que un café de Guatemala. El valor agregado es mucho mayor.

Los servicios, como momentos que son, requieren tiempo, pero también algún proceso, el cual se inicia o crea, desarrolla y finaliza justo durante ese lapso o momento. De tal suerte, no existen los inventarios de servicios, y por tanto, tampoco bodegas o almacenamiento de los mismos. Ni disponibilidad asegurada para el futuro. Son absolutamente perecederos.

El proceso de fabricación de un servicio puede ser humano, electro-mecánico e incluso digital, en función de quién o qué intervenga. Así, un partido de fútbol en vivo lo será humano en tanto visto a través de la televisión será electro mecánico y, a través de la internet, digital. En términos generales.

El tema de tiempos de espera y análisis de colas es de vital importancia en el mercado de servicios, pues forman parte de la experiencia que el cliente vive, por lo tanto, ese tiempo de espera, aparentemente inútil o perdido, debemos ponderarlo y aprovecharlo en función de la grata experiencia que debemos construir para el cliente en todo momento, en concordancia con nuestro objetivo de relación armónica.

Por supuesto, al igual que en los productos, en los servicios también los costos inciden tremendamente, aunque en estos, tanto empresa como cliente tienen la opción de sacrificar beneficios en pos de un equilibrio que satisfaga a ambos. Más barato para unos, y de menor costo para los otros. Tal el caso cuando se aborda un avión en la clase más económica y se comprueba el diminuto espacio con que se cuenta, y que mermará, sin duda, la comodidad durante el vuelo. Obviamente, adquirido con la menor cantidad de dinero posible, contrario a quienes pagando más, incluso más allá del doble, obtienen varias pulgadas adicionales de espacio así como servicios extras prestados, incluso mediante productos-herramienta de singular aprecio y estima por el consumidor. De igual manera en el teatro, donde a medida que el espectador se aleja del escenario, y por ende de la mejor apreciación del espectáculo, disminuye el precio de la localidad.

En todo caso, los servicios también son susceptibles de ofrecerse a segmentos específicos de mercado, con lo que encontramos restaurantes y salones de belleza de alto precio tanto como de mediano y bajo precio. En cada caso, apalancados con ubicaciones y productos-herramienta acordes con el segmento de mercado que atienden.

Los servicios también presentan una estacionalidad en su demanda y una demanda derivada cuando operan en el mercado organizacional.

Además, los servicios son, básicamente, conocimiento. Conocimiento sobre el mismo servicio que se produce. Así, un estratega de restaurante sabe complacer a sus comensales con una mezcla de productos-herramienta, ubicación, ambiente, estacionamiento, limpieza, menú, música y servicio personal, entre otros, que juntos todos tienen como propósito brindar una experiencia maravillosa. No es sólo un cocinero que cocina maravilloso, lo cual es necesario, pero nunca suficiente. Al igual que un peinador nunca hará un salón de belleza o un médico, un hospital con excelencia en el servicio. Ambos requieren más.

De hecho, al momento de redactar este, recuerdo una jocosa anécdota con una señorita de atención al cliente, trabajadora en uno de los bancos del sistema, quien a mi pregunta respecto de la capacitación que dicha institución le brindaba para atendernos, me contestó que no era necesaria, pues ella y sus compañeras eran muy amables. ¡Caramba!, el servicio y la asesoría al cliente no pueden ser factibles sin un adecuado programa de capacitación al personal de contacto. Y nunca la amabilidad suplirá tan importante característica.

De tal, aunque si bien es cierto la cortesía, una sonrisa e incluso quizá una cara bonita resultan indispensables en ciertos casos, nunca serán suficientes por sí solos. En absoluto.

Por supuesto, y aunque generalmente los principales directivos lo pasan por alto, todo servicio también requiere de óptimas condiciones físicas y de salud por parte de quien lo presta, pues, por ejemplo, para una enfermera de hospital es esencial tener buena visión, aunque con anteojos, pues tanto un termómetro como un dosificador de suero, entre otros, requieren de la minuciosidad y atención que sólo una buena visión puede proporcionar. Ver 37 grados de temperatura cuando lo que muestra el termómetro son 38 o 39, es asunto de suma importancia en cuanto a salud.

Para finalizar, tal como en productos se habla de una capacidad de producción en planta para estimar algún potencial de ventas, en el caso de los servicios estos están regidos, y limitados, por la capacidad de ocupación y el tiempo de producción de los mismos.

Así, un teatro de 1000 butacas tiene capacidad para 1000 espectadores. Entonces, un 85% de ocupación puede ser bueno, o no, dependiendo del costo del producto-herramienta principal, como en este caso lo será la obra en sí, presentada a través del servicio personal artístico de los actores, en relación con el precio de venta de las localidades o entradas.

En el caso que la obra dure 2 horas, y asumiendo tiempos de espera para ingreso y egreso de media hora, entonces cada 2 horas y media podrían ocuparse las 1000 butacas, lo que en el transcurso de las 8 de la mañana para las 12 de la noche permitirían llenar 6.4 veces la sala, lo cual resulta imposible, con lo que debe buscarse la mejor alternativa de ocupación, que en este caso sería de 6 presentaciones a lo largo de 15 horas. Luego, serán los otros aspectos del mercado los que deberán considerarse para saber si se inicia a las 8 de la mañana para terminar a las 23 horas, a las 9 para las cero horas o a las 10 de la mañana para la 1 de la mañana del próximo día.

Pero acá también se pueden considerar otras opciones en precio, pues a sabiendas de una demanda natural de mercado más alta durante la tarde noche, esta se puede incentivar durante la mañana y media tarde mediante precios reducidos, no cobrar estacionamiento, ofrecer las comidas y bebidas con descuento y en fin, una serie de actividades promocionales que conduzcan hacia la ocupación plena durante las horas en las que el mercado presenta menor afluencia. Es decir, las horas con bajos en la estacionalidad de la demanda durante el día.

Previo a incursionar en el siguiente tema, considero de suma importancia comentar respecto de dos importantes premisas. La primera, que el servicio, aunque mínimo, es inherente e indispensable en todo proceso de intercambio. Y a mayor calidad de servicio proporcionado tanto antes como durante y después del mismo, mejor resultado en cuanto a la relación armónica, aunque no necesariamente en cuanto a beneficios financieros, dado que todo servicio tiene un costo. Y la segunda, que a mayor cantidad de personas en contacto directo con el cliente, más fragilidad en el sistema de servicio, y por ende, mayor necesidad de capacitación y rigor constante al respecto.

Explico esta segunda premisa. Cuando un cliente tiene relación, aunque ínfima, con el agente de seguridad en el estacionamiento, el portero, la recepcionista, el vendedor, el supervisor de ventas, el encargado de prestarle el servicio, otro que le cobra, uno más que le brinda mantenimiento, otro que repara, eventualmente con el jefe de estos últimos y en no pocas ocasiones con el gerente de servicio, obviamente que tendrá 11 ocasiones, tanto para recibir un mal servicio como para quejarse y finalmente desecharnos como empresa.

Mantener la homogeneidad o el estándar de servicio en estos casos es sumamente complicado, por lo que, en principio, y aunque contravenga la especialización, debe procurarse la menor cantidad de contactos directos con el cliente, o bien, mantener una constante capacitación y motivación a dicho personal de contacto.

Bien, una vez hemos revisado las generalidades de los mercados más importantes, demos un vistazo general al cómo obtener la información de mercado que como estrategas necesitamos para el logro eficiente de objetivos.

Sistemas de Inteligencia de Mercados.

Para llevar a cabo y cumplir con lo que la filosofía de mercadotecnia plantea como necesario para el éxito se requiere conocimiento, por lo tanto, también información. Incluso, bien sabemos que el conocimiento es base importante para augurar el éxito de toda gestión. Y aunque no puede predecir el futuro, sí que ayuda a que se perciba de mejor manera lo que puede suceder, y eso es mucho mejor a no contar con idea alguna en tal sentido.

Tal es precisamente el objetivo de un Sistema de Inteligencia de Mercados: brindar información. No simplemente datos. Es decir, Un sistema de inteligencia de mercados recaba datos, los registra, analiza, compara y los somete a diferentes procesos para generar información.

Por supuesto, y aunque es un tema de amplia discusión, siempre habrá acciones de mercadeo que será más conveniente y menos oneroso llevarlas a cabo bajo las premisas del sentido común o la experiencia que someterlas previo a todo un proceso de evaluación e investigación formal, tal como puede suceder con una simple extensión de producto cuya prueba podemos realizar nosotros en el mercado, incluso en un territorio geográfico conocido y delimitado, bajo condiciones reales, y por tanto de confiabilidad, en contraposición a realizar todo un proceso formal de una prueba de mercado o de producto mediante la contratación de investigadores profesionales.

Lo importante en todo caso es que la empresa cuente con información veraz y confiable, desde la fuente original, respecto de lo que sucede y puede suceder en el mercado, tanto con el producto en sí como con los actores en el mismo. Y para ello la empresa puede valerse de su propio equipo de colaboradores. Vendedores, impulsadoras, demostradoras, repartidores y demás personal que está en el frente de batalla, entre los anaqueles, en verdadero contacto con el cliente y/o con el consumidor. De igual manera, puede recurrir a la fuerza de ventas externa, que de existir, resultará en este caso siendo un recurso invaluable como fuente de información, dada su estrecha relación y contacto con el consumidor final, así como por su independencia en relación con la empresa, lo cual le conferirá cierta objetividad a los datos e información que proporcione.

De tal suerte, como parte de los programas de capacitación en ventas y servicio al cliente que proporcionamos a nuestro personal y al personal de nuestros clientes, debemos también incluir lo relacionado con cómo capturar o registrar y luego trasladar hacia nosotros de manera óptima, importantes datos e información que el consumidor genera mediante comentarios e incluso quejas durante su experiencia de compra.

Sí, la función primordial de un Sistema de Información es ayudarnos a tomar decisiones correctas antes de los puntos de inflexión que los diversos caos generalmente producen. Es decir, ayudarnos a anticipar y resolver antes que sea necesario corregir. Con lo que el flujo de datos desde el cliente a la empresa no sólo debe provenir desde diversas fuentes simultáneamente sino también analizarse e interpretarse constantemente.

Recordemos que los problemas generalmente son como los icebergs, sólo les vemos una parte muy superficial, y por ende, ante cualquier síntoma de alguno, debemos profundizar en su descubrimiento total y análisis.

Siendo esta una manera directa de recabar información que involucra a personal de contacto, recibe crítica de algunos ejecutivos, pues se aduce que cuando la información que se pretende registrar está en contra del desempeño de dicho personal, éste seguramente no la trasladará a la empresa. Sí. Estoy totalmente de acuerdo en que la misma puede no llegar a los niveles ejecutivos responsables, pero ese no llegar o trasladar dicha información dependerá de la conciencia que el personal tenga acerca de su importancia dentro de la empresa como generador de desarrollo y beneficios para la comunidad, tanto como de la manera como el estratega responda a la situación, ya que de recurrir al inmediato despido de quien omitiere dicho traslado de información, lo único que logrará será fomentar la eficiencia para que dicha omisión se lleve a cabo de mejor manera, con lo que se alejará aún más del objetivo principal, el cual radica en recibir tal información de manera íntegra y oportuna.

De tal suerte, la capacitación a los colaboradores también debe ir en tal sentido, amén que desaprovechar la oportunidad de contar con un recolector de datos no es sensato. Por supuesto, en caso de duda podemos solicitar a agencias especializadas la realización esporádica de auditorías de información que revaliden la transparencia de nuestros procesos cotidianos.

La información que el estratega requiere para la toma de decisiones no puede limitarse exclusivamente al producto o al mercado sino debe ser extensiva a todas las áreas de operación de la empresa, incluso personal, compras, materias primas en inventario, proveedores, finanzas y demás, aunque como hemos dicho, principalmente, el consumidor.

Sí. La elaboración de un plan de negocios y su correspondiente estrategia central como guía para una acertada toma de decisiones nos exige conocer constantemente acerca de todos los ámbitos de la empresa.

Pensemos por un instante en un negocio que Silvia planea emprender comercializando su sándwich preempacado de jamón a través de la más grande cadena de supermercados del país. Específicamente, pensemos en el día de lanzamiento al mercado.

Ella necesita saber si cuenta con el personal necesario para la acción, tanto en cantidad como en calidad, para cada punto de venta. También la cantidad de producto, tanto en punto de venta como en bodega y en proceso para poder atender satisfactoriamente la eventual demanda. De igual manera, debe conocer el programa de abastecimiento de materias primas, incluso las fechas de entrega ofrecidas y pactadas con los proveedores, para saber los compromisos que puede adquirir con sus clientes a corto y mediano plazo.

De igual manera, necesita saber acerca de la disponibilidad de otros proveedores de recursos adicionales tales como ambientación, sonido y demás que requerirá en cada uno de los establecimientos de la cadena de supermercados ese día de lanzamiento. Incluso podrá querer saber si lloverá o no, pues le encantaría hacer la promoción de ventas al aire libre, aunque tiene dudas en las zonas rojas, por lo que necesita saber también con respecto a la seguridad en tales áreas. Por supuesto, también quiere saber si la competencia desarrollará simultáneamente algún evento que pueda disminuir el suyo.

De tal suerte, la información que un estratega de mercado necesita puede ser tanta y tan diversa que es imposible obtenerla por sí mismo completa, por lo que el equipo humano de trabajo debe funcionar correctamente y cada integrante conocer la importancia de su aporte y la forma como mejor contribuye al sistema de inteligencia.

Los diarios se constituyen en la primera fuente de información general. Incluso hay agencias especializadas en seleccionar y recolectar las noticias que atañen directa e indirectamente a nuestra empresa y mercado, consolidándolas en un reporte diario.

Los formularios, informes y reportes de ventas que realizan los vendedores, impulsadoras, demostradoras, despachadores, encargados de atención al público y demás personal de contacto constituyen una segunda entrada de datos para un sistema de información.

Para la empresa con orientación en beneficios comunitarios resultará fácil promocionar la captura y registro de información externa entre su personal, mediante la emisión de informes acerca de lo que ven u oyen en su comunidad con respecto a los productos, precios, tiendas, ubicaciones, publicidad, eventos, personal y demás, tanto de la empresa misma como de la competencia.

De igual manera, las páginas web de la empresa en las redes sociales también son una herramienta útil para recolectar datos e información, tanto como el correo electrónico y la red de internet en general.

Además, diversas asociaciones y gremiales ofrecen periódicamente a sus socios y suscriptores información sobre industrias y mercados específicos.

Lo verdaderamente importante es que todos esos medios de recolección de datos e información converjan en un sistema único que registre ordenada y analíticamente los datos, y genere la información relevante.

Amén de lo indicado, también puede acudirse a empresas especializadas en la investigación de mercados, principalmente cuando hay objetivos específicos y de carácter urgente, pues independientemente de la manera como se recaude o recopilen datos, lo importante es contar con información que permita tomar decisiones oportunas, antes de correctivas.

A continuación, una aproximación al tema de la investigación de mercados propiamente, recordándole al lector que dicha faena suele ser incluso toda una profesión universitaria, por lo que acá se exponen los principios básicos, con el simple propósito de facilitar su comprensión.

Investigaciones de mercado

La investigación de mercado es un proceso de identificación, ubicación, recolección, registro y procesamiento de datos en busca de información pertinente a diversos temas específicos, tal cual la percepción que el consumidor tiene de nuestro producto con relación a la competencia; la efectividad de nuestra estrategia de comunicación; establecer la preferencia a determinada característica de nuestro producto, como lo puede ser el envase, la etiqueta, el tamaño, sabor, olor u otros; reforzar los pronósticos de venta elaborados por la propia inteligencia de la empresa, reconocer las tendencias del mercado y otras de similar naturaleza.

Como todo proceso, la investigación de mercados también se ciñe a ciertos pasos o procedimientos preestablecidos con lo que en primer lugar resulta esencial **definir el problema** o duda que queremos resolver con la información que obtendremos. Esto nos orienta con respecto a las respuestas que debemos obtener, y como consecuencia, a las preguntas a realizar, con lo que se nos facilita el segundo paso: **diseñar la investigación**, es decir, identificar y ubicar en dónde o en quiénes están esas respuestas, para luego decidir cómo las recolectaremos y registraremos.

En el ínterin, es preciso establecer si la información que buscamos ya existe o es completamente nueva, es decir, si recurriremos a datos recopilados previo, llamados secundarios, o tendremos que realizar un levantado de datos originales desde fuentes primarias, dado que nunca antes han sido recopilados o porque los que hay se encuentran obsoletos por antigüedad.

En el primer caso es sencillo, pues simplemente se acude a dichos datos previo recopilados y se reordenan o clasifican conforme a las necesidades de la nueva investigación. En el segundo caso, por lo contrario, tendremos que realizar una ardua labor de recopilación. Para el efecto distinguimos 3 métodos: observación, encuesta y experimentación.

La **observación** es el método más comúnmente empleado, pues consiste en ver y registrar lo que hace el sujeto a investigar. Se utiliza para establecer qué tanto capta la atención cierta decoración o anuncio para detener el caminar de un cliente o motivarlo para que voltee a ver. También para conocer el flujo natural del consumidor en su desplazamiento, sus posturas y grado de interés en la búsqueda por determinados productos, la identificación de puntos calientes en góndola y otras conductas del consumidor, tanto adentro del POP como en sus cercanías. Dado que el actor es observado en forma real, aunque por medio de cámaras o sin interferir directamente con él, la información que el método proporciona es bastante fidedigna.

El método de **encuesta** entre tanto, aunque más riguroso en su diseño, puede proporcionar información más amplia y profunda sobre una mayor diversidad de eventos o situaciones, tales como situación socioeconómica, conducta, actitudes, hábitos y motivos, opinión, posicionamiento, entre otras, dado que se le pregunta directamente al sujeto entrevistado. Su dificultad radica muchas veces en encontrar esos encuestados idóneos.

Un tercer método de recolección de datos primarios lo es el llamado **experimental,** donde a un grupo de personas en determinado ambiente se le aplica cierto estímulo de manera gradual y se observa la respuesta que los diversos grados de estimulación producen en ellos. Dada nuestra naturaleza humana, y la rigidez científica que el método exige, su utilización no es extensa en mercadeo.

Respecto de los métodos de encuesta, el más enriquecedor de ellos es la entrevista de **grupos focales,** especialmente para la investigación de motivaciones, en la que reunimos entre 6 y 8 personas para conversar acerca de un tema específico, como lo puede ser el centro comercial y sus carencias, por qué usan determinada marca o compran en tal sitio o qué piensa de X o Y producto o peculiaridad, entre otros. Aunque carece de carácter estadístico, proporciona información cualitativa que surge de manera muy libre y casual, espontánea, profundamente emocional, lo que le brinda cierta validez o confianza para la toma de decisiones. La calidad de los resultados dependerá de la habilidad y experiencia de quien dirige la reunión, el cual debe preservar en todo momento la objetividad del tema así como suma imparcialidad. Es utilizada prioritariamente para la investigación de motivaciones y como paso previo a la redacción de cuestionarios para encuestas personales y spots publicitarios. El uso de equipos de grabación, principalmente de audio, es esencial.

Así como la entrevista de grupos focales requiere de grabación de sonido e incluso de video para registrar la información para su posterior revisión, la encuesta como método de abordaje en frío a la persona sujeta de estudio requiere de un instrumento de registro de datos para su posterior análisis. Un

cuestionario. Aún hoy, en soporte papel la mayoría de las veces, pero también a través de la Internet, donde empresas especializadas se dedican a la recopilación on line de datos que obtienen de personas que cumplen con las características del sujeto de investigación. Del sujeto muestral.

En ambos casos, las palabras utilizadas así como el lenguaje y la redacción, tanto como las preguntas en sí, serán claves para el logro de los objetivos planteados: básicamente, recordemos, resolver el problema que propicia la investigación.

De igual manera, según las preferencias y objetivos planteados, deberá establecerse una **muestra o grupo muestral**, sea o no con carácter estadístico, dependiendo nuevamente del objetivo, pues una investigación exploratoria será mucho más económica y rápida de realizar que una investigación probabilística formal exigente del rigor científico.

Para concluir con este apartado, debemos tener presente que la investigación de mercados y ni siquiera todo un sistema de investigación de mercadotecnia pueden ser vistos como la varita mágica del hada madrina que nos garantizará el éxito. Nos ayudará, y mucho, por supuesto que sí, pero en la mismísima proporción en que sepamos definir el problema a resolver y nuestros objetivos de investigación, así como también en tanto contemos con la capacidad necesaria para comprender al consumidor, pero además, y muy importante, la llevemos a cabo en el momento que resulta absolutamente necesario. No antes ni después sino justo en el momento preciso para que nos ayude a prever.

De tal suerte, la investigación de mercados es una herramienta más del mercadeo, por lo que su ejecución debe ser totalmente justificada por un sólido objetivo de búsqueda de información.

Vale mencionar ciertos estudios que sitúan entre 5% y 10% los nuevos negocios y nuevos productos que efectivamente logran sobrevivir cuando menos 5 años en el mercado, pese a múltiples investigaciones y análisis que dichos realizaron previo. De tal suerte, el 90% a 95% no lo logra, con lo que se demuestra que el éxito comercial nunca está garantizado.

Casos de rimbombantes fracasos los hay abundantes, tal como la nueva Coke, en 1985; el caso del avión franco británico, Concorde, el cual, luego de cerca de 25 años, cuantiosas inversiones financieras y el aura de sofisticación que le envolvía, se le retiró definitivamente del ámbito de la aviación dada su escasa rentabilidad. Así también las tangas desechables BIC, entre cientos de miles de productos y negocios que día a día fracasan en los distintos mercados, máxime en el ámbito de la tecnología digital, como recién se ha visto con el black berry y antes con el mini disc, el Sony AIBO así como cientos de relojes que han intentado ser mucho más que un instrumento para proporcionar la hora.

De tal suerte, continúan siendo los productos cuya categoría se encuentra en plena madurez los que mayor certeza ofrecen en el ámbito de los nuevos negocios, aunque la rentabilidad y el posible prestigio que una potencialmente exitosa innovación ofrece continúan siendo enormes atractivos para el inicio de nuevos negocios. Sin embargo, como dice el dicho, es mejor ir a lo seguro. Y después, una vez consolidados, quizá.

Es momento ahora de incursionar en el tema de la demanda.

Análisis y estimación de la demanda, pronósticos y presupuestos

Este es uno de los temas más complejos en el ámbito de la mercadotecnia, máxime cuando no se posee historia como punto de referencia o partida, pues inicia con muchas preguntas, en distintos ámbitos, y con muy pocas respuestas sólidas y contundentes, como en esencia lo es todo el ámbito de mercado. Sin embargo, como intuimos, será a través de la investigación de mercados que logremos obtener algún aproximado respecto a la probable demanda para cierto producto-satisfactor en determinado segmento de mercado.

Se iniciará consultando la información de prensa, conversando con amigos y personas directamente involucradas en la industria, clientes potenciales principalmente, tanto como con sus vendedores y personal de apoyo en el punto de venta, y luego visitando las cámaras empresariales y las gremiales; finalmente, recurriendo a la investigación de mercado profesional, de ser el caso.

En principio, todo mercado tanto como todo segmento posee su propia **demanda**, su propio **potencial de mercado**. Es decir, la cantidad total de unidades de producto que un mercado demanda o compra durante cierto período, generalmente, un año. La demanda o potencial de mercado puede ser 0 en el caso de sweaters en los calores de la sabana africana o de N miles de millones de galones en el caso de la gasolina en el ámbito mundial.

Así, la demanda en determinado mercado puede estar sólidamente satisfecha en cuanto a cantidad e incluso también en cuanto a calidad y beneficios por un líder y 2 o 3 seguidores, o por lo contrario, no estar plenamente satisfecha.

Por supuesto, de darse el último caso, se presenta una magnífica oportunidad de mercado para todo oferente, ya que existe demanda. Sin embargo, de darse el primero señalado, el asunto se torna poco más complejo, aunque no imposible, pues a pesar de tal satisfacción de la demanda, los mercados son dinámicos, cambiantes, y los gustos y preferencias del consumidor sumamente inestables, o cuando menos, totalmente abiertos a nuevas experiencias, con lo que la oferta de un nuevo producto suficientemente diferenciado y con atributos y beneficios singulares adicionales, pero acordes a las potenciales necesidades o a los deseos de ese consumidor, y apalancado por un plan de mercadeo cuya estrategia persiga los propósitos de evolución y responsabilidad social empresarial, puede lograr abrirse paso y crear su propia demanda.

La investigación de mercado, entonces, adicional a indicarnos las empresas que satisfacen actualmente la demanda y su participación individual de mercado tanto como sus beneficios, también debe proporcionarnos la respuesta a estas dos interrogantes:

• **Cuántas personas** compran o están dispuestos a comprar la categoría de producto que se investiga.

• Cuántas unidades, libras o cajas compran esas personas al año, es decir, **la tasa de compra anual.**

Una vez obtenemos las respuestas acerca de cantidad de personas que compran y número de unidades que compran al año, podemos obtener el potencial del mercado o la demanda total anual de la categoría de producto multiplicando entre sí dichas cifras.

Así las cosas, un segmento de mercado cuyos compradores se calcula ascienden a 260,000 caballeros, según el censo poblacional, que compran una unidad de jeans de precio medio $20.00 cada 5 meses, es decir, una **tasa de compra** de 2.4 unidades al año, presenta un **potencial de mercado** de 624,000 unidades anuales, el cual proyecta a su vez

un **valor de mercado** de $ 12,480,000.00 para jeans de valor promedio $ 20.00, para caballeros.

¿Por qué hacer hincapié en el precio y el género sexual? Básicamente, porque un jeans de $ 5.00 pertenece al mercado de jeans de bajo precio, otro de $ 20.00, al de precio medio y finalmente un jeans de $ 50.00, pertenecerá al mercado de jeans de alto precio. Son tres mercados distintos, al igual que el mercado femenino es uno, el de niños otro y el de caballeros un tercero más, por lo que no debemos confundirnos comparando nuestro producto contra los que evidentemente no pertenecen a la misma categoría dentro del mercado.

De hecho, definir la competencia es un proceso complejo, y aunque sabemos que existe la perspectiva global de que todo aquel que pueda quedarse con los recursos de nuestro cliente es competencia, como en este caso de los jeans lo sería que nuestro cliente decida ir al cine o comprarse películas de video en lugar de comprarse un par de jeans, es primordial identificar la competencia a dos o tres competidores directos.

De existir entonces 6 empresas de similar tamaño que satisfagan la demanda señalada en el mercado, anticipamos que cada una venderá 104,000 unidades al año. Sin embargo, esto es totalmente irreal. Siempre habrá empresas más grandes y más pequeñas. Seguramente algún líder, aunque incapaz de satisfacer en su totalidad dicha demanda, por lo que inevitablemente dará lugar a otras empresas más pequeñas que, probablemente, atiendan nichos específicos, de menor tamaño, quizá geográficamente, o bien brinden servicios adicionales, como lo puede ser crédito más amplio en plazo al detallista o consignación, entre otras alternativas.

De tal suerte, el potencial de mercado debe relacionarse con el **potencial de ventas** de la empresa. Es decir, con la cantidad de unidades de producto que la empresa es capaz de producir y comercializar en el mismo plazo: un año.

En caso nuestra empresa presente una capacidad de producción de 150,000 unidades al año, entonces ese será el máximo de ventas, el potencial de ventas a que podemos aspirar dentro del mercado, si la comercialización funciona totalmente de acuerdo con los planes. Sin embargo, dado que el mercado está sujeto a muchas fuerzas, entre ellas, la misma competencia y la demanda, nuestra capacidad de producción o nuestro potencial de venta pueden no ser igual a nuestra venta real.

La máxima eficiencia se logrará cuando el potencial de ventas iguale a nuestras ventas reales. El caso idílico, aunque sumamente difícil de alcanzar en ciertas categorías de producto. De donde se desprende la importancia de buscar el equilibrio entre la capacidad de producción, la capacidad de venta y la demanda del mercado.

De hecho, sabemos que cerca del 50% de la comida producida mundialmente se tira a la basura. Principalmente por su carácter perecedero.

Entonces, el hipotético potencial de ventas de 150,000 unidades representa a la vez una **participación de mercado potencial** de 24.03%, pero como hemos señalado, es el óptimo. Pocas veces real en el mercado de ropa, como lo es con el ejemplo que desarrollamos. Pues en el mercado de alimentos semiprocesados y enlatados o ensobrados, tanto como en el de cemento o papel higiénico u otros productos no dependientes de modas, gustos y deseos, será más fácil lograrlo. El negocio de panadería es un magnífico ejemplo de la eficiencia que debe buscarse o prevalecer en este sentido, aunque seguramente sobra o falta pan para la venta todos los días, será una mínima cantidad.

Lo importante al tema, en todo caso, es que tanto el potencial de mercado como el potencial de ventas constituyen información que debemos utilizar para desarrollar pronósticos de venta y estados financieros proyectados "óptimos", y luego, en contraposición, "pesimistas", y finalmente, un tercer conjunto, ubicado entre los anteriores, quizá más real. Quizá.

Y es que si aun contando con datos históricos es difícil predecir el futuro con alguna precisión, sin los tales, sin duda lo es aún más. De tal suerte, en nuestra primera vez será poco probable predecir cuánto venderemos realmente dentro de cierto mercado, por lo que resultará necesario recurrir a ese promedio de entre los probables escenarios.

Entonces, así como proyectamos con el 100% de efectividad, 150,000 unidades de venta, proyectamos también con un 60% de efectividad en nuestro trabajo a futuro y objetivos de potencial de ventas. Con ese dato (150,000 * 0.6 = 90,000) aunque ficticio, tenemos otra base para realizar pronósticos de ventas y proyectar estados financieros, aunque pesimistas, pero que deben permitirnos observar anticipadamente qué sucederá financieramente de cumplirse tal pésima situación. Por ejemplo, saber si tales ventas permitirán que cubramos nuestros costos.

A sabiendas que difícilmente podremos alcanzar el óptimo, pero que el pésimo también es poco probable, pensemos entonces en ese tercero que se ubica entre el 60%, pesimista, y el 100% de efectividad, optimista. ¿Un 85% quizá? Sí, quizá. De hecho, es indispensable consultar y conversar con otras personas que conocen del ámbito y estén relacionadas con el proyecto respecto a tales pronósticos.

Lo esencial en todo caso es tener un tercer pronóstico más probable, en este caso, con ese 85%, para que sirva de guía y delimite cuantitativamente las ventas que tenemos que alcanzar durante el año. Así, con este escenario, las 150,000 unidades de potencial de ventas se convierten entonces en un objetivo de ventas de 127,500 unidades y una participación de mercado a futuro de 20.4%.

Estos tres, tanto el óptimo de 150,000 unidades como el pésimo de 90,000 y este de 85%, 127,5000 unidades, los asentamos en pronósticos de ventas para luego proceder a su análisis y comparación financiera mediante la identificación de los distintos puntos de equilibrio y los estados de resultados y balance general proyectados, lo cual veremos en la siguiente sección.

Finalmente, elegimos un único pronóstico de ventas y nos comprometemos a trabajar por él y sus expectativas y objetivos, pues ese único será la base del quehacer de toda la empresa para el siguiente período, iniciando con los presupuestos de ventas y compras, tanto como por los estados financieros esperados.

De tal, resulta indispensable revisar el tema de los presupuestos, máxime porque ocupan singular preponderancia en el plan de negocios, dado que una vez definida la cantidad que nos proponemos vender, debemos definir lo que necesitamos, y nos costará, para producir y vender dicha cantidad. Es decir, se necesita conocer la cantidad de materia prima, horas de trabajo, cantidad de personal, mobiliario y equipo, capacidad de almacenamiento y distribución, cantidad de vendedores y demás importantes datos que, una vez listados en detalle, costeamos con la mayor precisión posible.

El presupuesto de producción debe indicar, en el caso de jeans, no sólo la cantidad de yardas de lona o denim, remaches, zippers, botones de campana, hilo, etiquetas y demás materiales necesarios para su elaboración sino también cuántos operarios requiere y cuánto cuestan en sueldos para realizar la faena, desde el corte y la confección hasta la entrega en bodega del producto terminado o hasta distribuirlo en el punto de venta del cliente. Incluyendo las cajas de cartón necesarias, la depreciación de los vehículos, el combustible y demás.

El presupuesto de ventas, por su parte, indicará la cantidad de vendedores, supervisores, de ser el caso y el gerente o jefe de ventas necesario, así como sus sueldos y comisiones.

En ambos presupuestos deberán incluirse también la papelería que requerirán, lapiceros, engrapadoras, grapas, clips, bolsas de empaque y tanta minuciosidad como sea necesaria para la realización eficiente del trabajo.

En el caso de ventas, de ser que los clientes se encuentren sumamente dispersos, la cantidad de vendedores será mayor a que si tales clientes están concentrados geográficamente.

Además, el tiempo de desplazamiento entre uno y otro cliente, muerto, tiene tanto un costo directo como de oportunidad para la empresa.

De igual manera se realizarán los presupuestos del departamento financiero, personal y demás necesarios, los cuales estarán compuestos básicamente por los sueldos que representarán y los recursos propios de su actividad.

La elaboración de un pronóstico de ventas debe realizarse a partir de conocimientos sólidos sobre el mercado, o cuando menos, lo más afinados posibles, pues una vez dictado y aprobado dicho pronóstico, se convierte, como vemos, en la guía general de la empresa que da lugar a todo lo subsiguiente.

¿Es acaso que no hay una mejor forma de establecer la demanda? ¿Una manera más certera de establecer el potencial de mercado? ¿Algo más científico? No. No la hay. De haberla, no habría tantísimo fallos o fracasos en el desarrollo de nuevos productos o en el desempeño de nuevos negocios.

Toda la información, el conocimiento acumulado y el buen juicio del estratega, difícilmente pueden eliminar la latente incertidumbre presente en la toma de decisiones sobre los mercados. Máxime para nuevos negocios y nuevos productos. Para la primera vez.

El análisis de la demanda requiere información, conocimiento y discernimiento para intentar obtener los más certeros resultados probables, pues entre otras, debemos anticipar que la competencia no se quedará impávida ante nuestras acciones. Responderá e intentará defender sus posiciones. Sus ventas. De tal suerte, este instrumento de pronóstico de ventas a partir del análisis de la demanda no es más que ello, otro instrumento matemático, pues la verdadera certeza para el logro de los objetivos de mercado es tan subjetiva como el mercado mismo, pues radica en las capacidades de nuestro propio personal y su capacitación y motivación, así como de nuestro producto-satisfactor en ser diferente, mejor, con mayores valores agregados y menor costo, a la vez que en las estrategias y las acciones oportunas de mercadeo, personal, finanzas y responsabilidad social empresarial, las cuales guiarán y delimitarán el quehacer, con el propósito, y también la esperanza, de afrontar con éxito los vaivenes dentro del mercado y las fortalezas de la competencia, entre otras.

En caso la incertidumbre aún fuese poca, anticipo que será imposible estructurar un plan de negocio profesional sin ocuparnos de la importante área financiera, por lo que a continuación incursionamos en ese fascinante mundo, cuyo aporte a la gestión de negocios es tan importante como lo es el conocimiento de la sicología del consumidor y la adecuada administración del personal.

Análisis Financiero

Generalidades

Así como no existe mercadeo profesional sin una adecuada administración y apoyo al personal y conocimiento y comprensión de la sicología del consumidor, tampoco lo existirá sin una adecuada administración de las finanzas.

Negar la importancia del área financiera para el logro de relaciones armónicas con la comunidad y beneficios mutuos resulta en una absurda insensatez que puede ocasionar muchas pérdidas y gastos, situación misma que resulta totalmente alejada del concepto de inversiones redituables, las cuales son imprescindibles para el logro de beneficios mutuos. Una empresa que pierde dinero no puede ser socialmente responsable, pues carecerá de beneficios a redistribuir o intercambiar con la comunidad.

Sí. El manejo de los recursos, y no sólo del dinero, debe hacerse desde la perspectiva que rindan beneficios financieros, incluso indirectamente, pues los tales son un importante propósito de la filosofía de mercadotecnia, dado que sólo contando con ellos será factible redistribuirlos o intercambiarlos nuevamente con la comunidad, en procura del mutuo desarrollo. De tal suerte, si la empresa no genera beneficios, o peor aún, pierde, no será exclusivamente esta la damnificada sino la comunidad como un todo.

Así, es necesario revisar con sumo detenimiento y acuciosidad, tanto como buscar el consenso con los otros departamentos funcionales de la empresa, la relación costo-beneficio de cada evento o actividad que pretenda llevarse a cabo. Desde una simple valla panorámica a instalarse sobre el bulevar, hasta el desarrollo de un novedoso producto-satisfactor, todo intento de acción debe ser sometido previo a escrutinio financiero, traduciendo o valuando los recursos a emplearse en ella, tanto como sus beneficios esperados, al denominador común: dinero.

Con el propósito entonces de adquirir el conocimiento esencial necesario en este ámbito, iniciamos identificando las herramientas básicas para el análisis financiero:

- Análisis de Punto de Equilibrio
- Estado de Perdida y Ganancia
- Balance General.

El análisis de Punto de Equilibrio resulta de singular importancia para determinar precios y cantidades necesarias a vender, lo cual le convierte en una invaluable herramienta que contribuye a la afinación del pronóstico de ventas.

El Estado de Pérdidas y Ganancias, tanto como el Balance General, plasmados con el respaldo de la filosofía de Mercadotecnia, son en todo caso 2 herramientas financieras completas con que el administrador debe contar para la acertada toma de decisiones. De tal suerte, deben elaborarse tanto proyectados; valga la redundancia, hacia el futuro, como finales o reales, al final de cada ciclo, para comparar lo que antes se planeó contra lo verdaderamente ejecutado y logrado, analizarlos entre sí y obtener conclusiones sobre la ejecución y el porqué de sus probables variaciones, tanto como de sus aciertos. Aprender para el futuro.

Sin embargo, mucho antes de pensar en estas herramientas o estimar incluso algún precio que dé origen a las mismas, resulta indispensable saber cuánto cuestan o pueden llegar a costar los productos a vender tanto como el costo de funcionamiento u operación de nuestro negocio. De tal suerte, no sólo resulta necesario costear u obtener el costo preciso de las materias primas a utilizarse, incluso de la hoja de lechuga y la rodaja de tomate que colocamos en el sándwich de jamón que nuestro menú ofrece, y que formarán parte de los **costos variables**, sino también todos aquellos otros costos que operar el negocio exigen, es decir: los **costos fijos** en que incurriremos mensualmente a través de pagos de alquiler, energía eléctrica, mantenimiento, sueldos y similares.

Por supuesto, en el tema de los costos resulta de vital importancia prestar constante atención a esos otros llamados: **costos ocultos**, los cuales, a pesar de llevarse consigo importante cantidad de dinero en forma de gasto, que de corregirse sería utilidad, no son completamente evidentes o visibles en el funcionamiento de la empresa, y por tanto no se registran por separado en ningún instrumento de análisis, tanto como los **costos de oportunidad**, en que incurrimos al dedicar recursos, generalmente dinero, pero no únicamente, a otras actividades que generan menor utilidad e incluso pérdida.

Con el propósito de facilitar la comprensión del tema, recurriremos a Silvia, la novia de Juan, quien ha decidido emprender ahora una cafetería, y entre los diversos productos-satisfactores que ofrecerá al mercado ha pensado en bebidas gaseosas, café, té, refrescos naturales, hot dogs, hamburguesas y una amplia gama de sandwiches, de entre ellos, uno de jamón.

Como parte de su planeación para el emprendimiento, ella necesita cuantificar anticipadamente los costos en que incurrirá y los precios que fijará a sus productos para tener una idea aproximada de la cantidad de unidades que necesitará vender, para cuando menos alcanzar el **punto de equilibrio.** La cantidad de ventas donde justamente no ganará un solo centavo, pero tampoco lo perderá. Así, ella inicia identificando los costos fijos.

Costos fijos
Para iniciar, ella debe hacer un listado de todos los pagos que tendrá que hacer mes a mes, aun y que no venda una sola unidad de producto. Entre estos, tiene:

Alquiler del local	$ 1,000.00
Sueldo de dos personas	$ 1,500.00
Energía eléctrica (para iluminación)	$ 350.00
Gastos comunes del área comercial	$ 350.00
Servicios de seguridad privada	$ 1,000.00
COSTO FIJO TOTAL	$ 4,200.00

Como podemos deducir, los costos descritos no tienen ninguna relación directa con la producción o venta de un solo producto-satisfactor, pues tiene que pagarlos en su totalidad, así se produzcan o vendan 0 unidades de sándwich a lo largo del mes o, por lo contrario, se vendan 1,238 o 34 o 475 sándwiches, ya que independientemente de esa cantidad vendida, la misma cantidad de dinero pagará de alquiler, por mencionar uno de los tales costos. De tal suerte, los costos fijos tienen tal nombre debido a que no poseen casi ninguna relación con las ventas, las utilidades o cualquier otra variable. Son los que son, y punto. Y se tienen que pagar, incluso por ley.

Costos variables

Pero además de tales costos fijos, cada producto-satisfactor elaborado tiene su propio costo. Un costo variable, unitario o de unidad, totalmente independiente de los otros fijos mencionados.

Estos costos variables surgen del costo de los recursos utilizados para la elaboración de cada unidad de producto, es decir, las materias primas que cada unidad requiere. Por tal motivo, y para simplificar, Silvia elige costear su sándwich de jamón, básicamente porque pretende que dicho sea su producto estrella. El de mayor impulso en su estrategia de venta. A continuación el costeo que ha realizado:

2 rebanadas de pan	$ 0.50
¼ onza de mantequilla	$ 0.50
¼ onza de mayonesa	$ 0.25
¼ onza de mostaza	$ 0.30
2 rodajas de tomate	$ 0.15
1 hoja de lechuga	$ 0.07
1 onza de jamón	$ 2.50
COSTO VARIABLE TOTAL	$ 4.27

Cada unidad de sándwich producido, de acuerdo con el ejemplo, tendrá entonces un costo variable o costo unitario de $ 4.27

Concluimos entonces que los costos fijos mensuales del proyecto de cafetería de Silvia alcanzan los $ 4,200.00 mensuales y el costo variable del sándwich de jamón $ 4.27, cifras que luego serán reflejadas en los movimientos contables y financieros de la empresa, pues son los costos evidentes de la operación y que, obviamente, no reflejan los costos ocultos ni los costos de oportunidad. ¿Cuáles entonces son los costos ocultos?

Costos ocultos

Los costos ocultos se ocultan, valga la redundancia, precisamente en estos mismos costos fijos y variables que hemos visto. Es decir, son parte de la estructura de costos que aunque hemos costeado correctamente, quizá no la hemos analizado con la profundidad necesaria al momento de cotizarlos, particularmente en cuanto a su realidad o lógica. De tal suerte, los encontramos como pérdida o menores utilidades.

Un ejemplo a la mano lo es la iluminación del local, pues usando bombillas comunes de filamento nuestro gasto en electricidad será prácticamente el doble que si usamos bombillas ahorradoras. Otro lo es el tiempo de vida de los aparatos eléctricos, por ejemplo refrigeradores y congeladores, pues estos con el paso del tiempo pierden su capacidad de enfriamiento, y con ello incrementan su consumo de energía y consecuentemente, su costo de operación. Otro costo oculto lo es la mala utilización de los recursos, como en este caso el de los refrigeradores y congeladores al abrirlos con mayor frecuencia de la necesaria como parte de un mal procedimiento dictado. De igual manera, en procesos fabriles, cuando fallan las máquinas como consecuencia de un supuesto ahorro en el gasto de su mantenimiento. Y en este último caso vemos con claridad la diferencia entre gasto e inversión, pues por ahorrar algunos dólares evitando el mantenimiento, corremos el riesgo de perder muchos durante una falla en producción, con lo cual evidentemente incurrimos en gasto, caso contrario cuando realizamos oportunamente dicho mantenimiento, de acuerdo con las recomendaciones de su fabricante.

Por supuesto, el personal sin capacitación ni motivación alguna es generador de muchísimos costos ocultos, principalmente por su falta de compromiso y solidaridad con la empresa. De tal suerte, resulta imperante para la administración transmitirle al personal el compromiso de la organización, y por ende de él mismo, por la procura del desarrollo, mucho más allá de la empresa meramente, de la sociedad en general, iniciando por su familia y su comunidad. Una visión estratégica de mercadeo que busca la relación armónica y beneficios mutuos con la comunidad será imposible si no cuenta con el apoyo y respaldo de personal adecuado, identificado plenamente con la empresa y con objetivos comunes.

Otros costos ocultos los pueden constituir los sistemas de software y el uso de antivirus adecuados así como de licencias para los diversos programas, ya que de no tenerlos adecuadamente, pueden dar lugar a fallas, pérdida de información, dilación en el servicio e incluso ser objeto de multas y sanciones legales. Es decir, enormes gastos y pérdidas.

De la mano con este tema van también los conceptos de sostenibilidad a largo plazo y minimalismo, los cuales veremos y sopesaremos páginas adelante.

Costos de oportunidad

Dado que siempre será necesario tomar decisiones respecto a cómo distribuir los recursos entre los diferentes objetivos que se persiguen, debemos prever el costo de oportunidad que puede suscitarse cuando asignamos tales o alguna fracción de los mismos a propósitos u objetivos que no rinden los beneficios que otras alternativas en las que se ha dejado de asignar sí los rinden. Haber dedicado recursos al desarrollo de un producto X, que al fin ha sido un fracaso, en vez de haber dedicado tales al producto Y, que es un éxito, implica un costo de oportunidad.

Por supuesto, estos tampoco se reflejan en ningún cuadro financiero más que como pérdidas, aunque al igual que los costos ocultos, sin reflejarse tácitamente, lo que evidencia la necesidad de realizar simultáneamente al análisis financiero estrictamente numérico posterior, un análisis cualitativo de las acciones realizadas y su impacto en el rubro de pérdidas o utilidades.

Punto de equilibrio

Esta es una herramienta financiera que nos brinda información acerca de lo que puede suceder con nuestro emprendimiento, sin embargo, como toda herramienta de pronóstico, se basa en datos que recopilamos en determinado momento y en circunstancias diferentes a la realidad, por lo que el grado de certeza, confiabilidad y calidad de información que nos proporcione, dependerá de cuán confiables sean los datos con que lo alimentamos.

Con la información de costos fijos y variables que ahora Silvia dispone, y de un precio de venta estimado, ella puede saber cuántas unidades necesitará vender para alcanzar el punto de equilibrio, mediante algunos sencillos cálculos numéricos. Es decir, conocer la cantidad de ventas en unidades donde su emprendimiento obtendrá el ingreso suficiente, a un precio hipotético dado, para cubrir el total de sus costos fijos más los costos variables en que incurre para producir dicha venta, aunque sin generar un solo centavo de utilidad. No pierde, pero tampoco gana.

Sin entrar en mayor detalle respecto al precio que se ha logrado estimar en este caso, pues el tema será tratado con mayor énfasis durante la revisión de la mezcla de mercadotecnia, asumimos que se investigó el nivel de precios que los otros competidores en el mercado ofrecen y se estableció que dicho debe ser de $ 8.00. Así las cosas, contamos con la siguiente información:

Costos fijos	$ 4,200.00
Costo variable o unitario	$ 4.27
Precio de venta unitario	$ 8.00

Bien, la utilidad directa de cada unidad de sándwich la obtenemos así:

Precio de venta unitario	$ 8.00
(-) Costo variable o unitario	$ 4.27
Utilidad directa o unitaria	$ 3.73

Y el margen de utilidad, sobre venta, que es como debemos obtenerlo en este ámbito de mercadotecnia profesional, lo obtenemos de la relación:

Utilidad Unit / Precio Venta = (3.73 / 8) x 100 = 46.625%

Los **márgenes** de utilidad se expresan en porcentajes, en este caso, sobre el precio de venta; y la utilidad directa o unitaria, en unidades monetarias, tal como se muestra.

Una vez se cuenta con la información sobre márgenes y utilidad directa, continuamos con nuestro análisis.

La idea central del punto de equilibrio es que la suma de los costos, tanto fijos como variables, sea igual a la cantidad de ingresos que se obtendrán por ventas. De tal suerte, establecemos entonces el número de unidades de sándwich, variable desconocida Y, que Silvia deberá vender mensualmente para cubrir la totalidad de sus costos, mediante los siguientes cálculos:

Costo fijo + (Unids x Cto Unidad) = Unids x precio
4,200.00 + Y4.27 = Y8.00
4,200.00 = Y8.00 - Y4.27
4,200.00 = Y3.73
4,200.00 / 3.73 = Y
1,126 = Y

Vemos entonces que Silvia necesita vender 1126 unidades de sándwiches, con un precio de $ 8.00, para alcanzar el punto de equilibrio mensualmente.

Tomando como base ahora el margen de 46.625% de utilidad sobre venta, ella puede determinar la cantidad de ventas mensuales en dinero que necesita para lograr su punto de equilibrio, lo cual calcula de la siguiente manera:

Punto Equilibrio en $ = Costo fijo / Margen de utilidad

Punto Equilibrio en $ = 4,200.00 / 46.625%

Punto Equilibrio en $ = 4,200.00 / 0.46625

Punto Equilibrio en $ = $ 9,008.04

$ 9,008.04 es el monto mensual de ventas necesario para alcanzar su punto de equilibrio.

Fácil sería obtener dicha cifra multiplicando el número de unidades establecido con anterioridad y multiplicarlo por el precio propuesto, en este caso, las 1126 unidades por los $ 8.00 de precio de venta de cada unidad. Sin embargo, considero importante que el estratega conozca cómo obtener el punto de equilibrio a partir del margen de utilidad sobre venta.

Bien, hasta acá el aporte del análisis de punto de equilibrio desde el punto de vista financiero, sin embargo, a partir de la información obtenida en este, en conjunto con la del potencial de ventas vista con anterioridad, podemos hacer proyecciones de ventas. Un pronóstico de ventas poco más afinado, y luego el correspondiente presupuesto de ventas.

Con fines de pronóstico simplemente, es factible generalizar el margen de utilidad del sándwich de jamón a otros productos, aunque sabemos que no será así en la realidad, pero puede ser una aproximación útil para el efecto. Sándwiches, hamburguesas, hot dogs y productos similares podemos inferir que pueden tener un margen de utilidad similar (no de utilidad unitaria similar, pues es distinto), lo que ayuda a esta generalización que menciono. Por supuesto, en la realidad, otros productos rendirán más margen y otros menos, pero tenemos uno, por decir, cuyo margen es susceptible de ser generalizado, dada la naturaleza misma del negocio y el interés de Silvia en hacerlo su producto estrella. Vale reiterar entonces que se ha establecido el punto de equilibrio sólo para un producto: el sándwich de jamón; sin embargo, sabemos que la venta de todos y cada uno de los otros productos suma para el logro de dicho punto de equilibrio.

Como vemos, ha sido necesario obtener datos reales, como los costos fijos y variables, lo cual es relativamente sencillo en casos como este; pero también hemos tenido que asumir otro dato, como lo es el precio, y sea por intuición, por análisis de competencia, por sondeos o por investigaciones completas de mercado, este es un valor que durante la planeación difícilmente será totalmente real, y por lo tanto tampoco exacto. Siempre será un precio estimado, pues depende en última instancia del mercado. Por lo que se recomienda también plantearse tres alternativas del mismo durante dicha planeación: un precio óptimo, que será el mayor. El menos anhelado, o sea el más bajo; y un tercero, intermedio.

El punto de equilibrio entonces es la base de análisis financiero desde la cual debemos partir en nuestro propósito de iniciar un negocio. Aunque he de ampliar que debido a la estacionalidad de la demanda, no todos los negocios alcanzan a llegar todos los meses a su punto de equilibrio sino simplemente subsisten hasta la temporada alta, como en esencia lo es para muchos negocios la época navideña. De tal suerte, amén de mensual, resulta indispensable proyectar el punto de equilibrio para todo un año.

Ahora bien ¿qué sucede con los costos en el caso de los servicios? Por ejemplo, la clínica de un dentista. Pues de igual manera. Un profesional debe costear los insumos que utiliza para desempeñar su labor y realizar cierta estandarización de los mismos, tal cual el sándwich, aunque quizá agrupando los de bajo costo, costo medio y alto costo. Luego, deberá fijar un precio o valor, por hora, a sus habilidades y destrezas profesionales de acuerdo con el mercado. ¿Cuánto cuesta la hora de un dentista? Dependerá de cuántos valores agregados el profesional de la odontología posea en sí. Pero deberá iniciar preciándose tal no tuviera alguno, y paulatinamente, sumar los que ha adquirido con el paso del tiempo. Obviamente, podrá influir en su precio la presentación y el comportamiento personal, la decoración de su oficina, el carro en que se movilice y muchos otros artilugios, pero debe cuidar que sea su valor intrínseco profesional el que predomine, mucho más que el extrínseco, para no caer en el error común de convertirse en otro merolico más.

Así pues, es sumamente importante afinar con la mayor precisión posible el precio al que finalmente venderemos nuestro producto, pues esa cifra cuantitativa es la base de toda proyección financiera y consecuente análisis y toma de decisiones, como veremos ahora con el estado de resultados.

Estado de Resultados

Este es un indicador de logro o fracaso financiero de las operaciones de la empresa durante cierto lapso. Presenta el desglose de la manera como los ingresos se han diluido en forma de inversiones al futuro y como costos o gastos, hasta dejar algún remanente de dinero que llamamos utilidad, o, en el peor de los casos, habiendo absorbido la totalidad y más aún de tales ingresos, llegar a una pérdida. De ahí su otro nombre Estado de Pérdidas y Ganancias, aunque debería ser: pérdidas o ganancias.

Lógicamente, para establecer esos ingresos en un estado de resultados a futuro o proyectado debemos tener también otro dato estimado además del precio, pues los ingresos totales vienen dados por el precio multiplicado por la cantidad de unidades vendidas.

Como hemos venido revisando, es ideal contar con cuando menos 3 alternativas o escenarios posibles, tanto en precio como en cantidad de unidades a vender: ideal, pesimista y probable o promedio. Así, tenemos cómo iniciar la estructuración del Estado de Resultados, aunque con esos 2 datos estimados probables. Sin embargo, los datos de costos sí que deben ser certeros.

A continuación se presentan 3 posibles Estados de Resultados para la cafetería de Silvia, variando en cada uno la cantidad de unidades vendidas, así: 400, 1,126 y 1,500. Además, insisto, dado que el costo variable tanto como el fijo son lo más reales posibles, permanecerán constantes en $ 4.27, $ 4,200.00 y $ 8.00 respectivamente, en cualquier proyección que acerca del caso de Silvia realicemos. De igual manera, sabemos que bajo tales premisas, su punto de equilibrio se sitúa en las 1,126 unidades mensuales.

Diferentes escenarios de Estado de Resultados Variando la cantidad de unidades vendidas			
Venta en uns	400	1126	1500
Precio unitario	8.00	8.00	8.00
Ventas totales $	3,200.00	9,008.00	12,000.00
(-) Costo de Vta	1,708.00	4,808.00	6,405.00
Utilidad Bruta	1,492.00	4,199.98	5,595.00
Gastos Grales			
Alquiler de local	1,000.00	1,000.00	1,000.00
Sueldos	1,500.00	1,500.00	1,500.00
Energía Eléctrica	350.00	350.00	350.00
Gastos Comunes	350.00	350.00	350.00
Seguridad Privada	1,000.00	1,000.00	1,000.00
Utilidad ó Pérdida	-2,708.00	0.00	1,395.00

Al igual que este ejemplo, se sugiere realizar distintos escenarios de Punto de Equilibrio y Estado de Resultados incrementando en 15% y disminuyendo en 15% el precio, y observar los cambios que se registran en las utilidades.

Adicionalmente, el Estado de Resultados debe reflejar todos los gastos que en realidad ocurren en la operación comercial, como también lo son publicidad, promociones, investigaciones, pagos de intereses y demás, aunque también otros ingresos tales como cobros por mora o por cheques rechazados (ingresos no corrientes), tal como se muestra en el siguiente cuadro.

Ventas Totales
(-) Costo de ventas
Otros Ingresos (ventas de mobiliario y equipo, cobro por intereses)
Utilidad Bruta
Gastos de Operación
   Gastos de Venta
      Sueldo de vendedores
      Comisiones sobre ventas
      Publicidad
      Convención de vendedores
      Pasaje aéreo conferencista
      Alquiler de sala de ventas
   Gastos Generales y de Administración
      Sueldos y salarios
      Servicios de seguridad Privada
      Servicios de Conserjeria
      Alquiler de fotocopiadora
      Alquiler de bodegas
   Depreciaciones
Impuestos
   Impuesto al valor agregado
   Impuesto sobre la renta
UTILIDAD NETA

Por supuesto, la estructura del instrumento debe obedecer a la facilidad con que el mismo pueda leerse y analizarse, por lo que pueden existir N variaciones a la propuesta. Lo primordial es que sea útil al estratega.

Balance General

Este refleja la realidad financiera de la empresa en determinado momento. Es decir, cómo están distribuidos los valores financieros de la empresa: a favor y en contra, en determinado día. Y quizá hora, pero nunca durante períodos o lapsos, como tampoco operaciones realizadas, pues estas se muestran en el Estado de Resultados visto anteriormente.

De tal suerte, cuando queremos analizar el rendimiento y la situación financiera de una empresa es obligatorio revisar ambos cuadros financieros.

Una empresa puede mostrar un Balance General satisfactorio al día de hoy gracias a varios años anteriores de crecimiento y solidez, incluso un inventario de alto valor, pero no nos mostrará que sus ventas durante el último año han descendido drásticamente debido a la obsolescencia de dicho inventario. Tales ventas sólo podremos verlas en el Estado de Resultados.

Las cuentas de Balance General se distribuyen entre **activos, pasivos y capital,** donde los primeros reflejan lo que es propiedad de la empresa, desde el dinero en efectivo en caja, en bancos y por cobrar, los inventarios de materia prima, producto en proceso y terminado; la maquinaria, sus depreciaciones, los edificios y hasta lo que ha pagado y aún no ha utilizado, tal los anticipos pagados por compra de inventario o de publicidad que se ejecutará en el próximo período. Es decir, los **activos,** tanto **circulante** como **fijo** y **diferido**, que reflejan los valores a favor de la empresa a distintos plazos de tiempo.

El **pasivo,** por su lado, refleja lo contrario al activo, es decir, todo lo que es obligación a pagar por parte de la empresa en el momento que el balance se realiza, aunque tenga que hacerse mañana mismo, dentro de 2 años o en 50 años. Así, el pasivo refleja las cuentas y documentos por pagar a proveedores, acreedores, deudas a largo plazo y otras.

El **capital,** por su parte, refleja eso precisamente, el capital o rendimiento de la empresa justo en el día que se ha elaborado el instrumento, aunque es necesario advertir que dicho puede resultar negativo, lo que indicará que se adeuda más de lo que se posee.

Así las cosas, será factible y común obtener un Estado de Resultados del último año que refleje alguna utilidad, pero un Balance General que arroje déficit al mismo día que el primero se cerró. Se habrá obtenido utilidad durante el período, pero las deudas a largo plazo incidirán en un Capital negativo. Sin embargo, tal situación también es común cuando recién se han contraído deudas en la inversión de equipo, instalaciones y demás, necesarias para asegurar la continuidad de funcionamiento del negocio.

Bien, con este tema agotamos la sección cuantitativa del proceso administrativo. La numérica, la exacta, la cual permite la medición de logro cuantitativo.

En las páginas siguientes se detalla la mezcla de mercadotecnia, la cual resulta de suma importancia para completar el plan de negocios y definir la estrategia, aunque su carácter es totalmente cualitativo, y por ende difícil de medir o cuantificar. Sin embargo, la mezcla de mercadotecnia plasma, en esencia, cómo la empresa se relaciona e interactúa con su mercado.

144

La mezcla de mercadotecnia

La **mezcla de mercadotecnia** es la conjunción y sincronización perfecta de diversas variables cuyo comportamiento resulta de vital importancia observar, analizar y corregir constantemente, con el propósito de generar y mantener la relación armónica de la empresa con el mercado y la comunidad, y los beneficios mutuos, a través del intercambio de satisfactores.

Es la receta básica sobre cómo relacionar un **producto** y un **precio** con un **mercado**, a través de **plaza**, **personal** y **promoción**. En este caso, 5 P´s, como una primera alternativa.

Sí, alternativa, pues no siempre será necesario contemplar 5 P´s como tampoco a 4 o 6 p´s, máxime si nuestro negocio es on line totalmente o a través de máquinas expendedoras, donde el personal, amén de escaso, casi nunca tendrá contacto con el cliente. O el precio incluso podrá dejar de ser importante si operamos en forma de cártel económico o ante un mercado cautivo.

Pero así como una variable puede no ser necesaria, otra puede ser totalmente indispensable de cuidar y apuntalar, como lo puede ser otra de las 5 citadas e incluso alguna o algunas otras no mencionadas, pero que pueden existir, tal el caso de la P de posicionamiento para los productos de imagen dentro del mercado de deseos. Lo cual daría origen a un modelo de mezcla de mercadotecnia de 6 P´s. Producto, precio, plaza, personal, promoción y posicionamiento.

Además, tampoco es preciso que sea otra P, pues puede ser el caso de necesitarse la A de **A**gilidad o la S de **S**eguridad, máxime en aquellos productos cuyo tiempo de vida o perecidad exige esfuerzos sumamente especiales en cuanto a su distribución física, exposición en góndola y recuperación para su redistribución, reproceso u otro, sea en tiempo o en condiciones de Seguridad propiamente, como ocurre en Guatemala. De igual manera sucede con la S de **S**ervicio para aquellos productos cuyo éxito dentro del mercado depende muchísimo de la calidad de servicio con que se les apalanque o apoye dentro del mismo.

Dado lo práctico que resulta ceñirnos a un modelo, aunque no tan ampliamente difundido como el de las 4 P´s de Jerome Mc Carthy, en esta propuesta nos circunscribimos a este modelo de las 5 P´s señaladas. Máxime, como sabemos, por la importancia que el personal posee para el éxito de la gestión, principalmente de relaciones armónicas.

Como un apunte extra, las variables sobre las que supuestamente no podíamos ejercer algún dominio para modificarlas, como en esencia sucedía con clima, sistema de gobierno, topografía de las ciudades, densidades urbanas, niveles de violencia, educación, seguridad social y muchísimas otras, hoy día vemos que, lejos de ignorarlas e incluso huirles, debemos volverlas a nuestro favor. Aprovecharlas. Sí, mercadeo es construcción de oportunidades, incluso de las amenazas mismas. Además, toda la sociedad dentro la cual operamos está afecta a las mismísimas variables.

De tal suerte, hoy día lo importante de ese ámbito externo, aparentemente incontrolable, es que la responsabilidad social empresarial, manifiesta principalmente a través de la generación de desarrollo sustentable, el minimalismo y otras, no sólo debe tener relación estrecha con dicho ámbito sino, aún más, debe aprovecharlo mediante su plena atención y adecuada gestión estratégica, a través de programas de alto nivel a cargo del estratega o la dirección superior, en pos de la relación armónica con la comunidad.

Así las cosas, más allá de la estricta observancia de las variables establecidas para la mezcla de mercadotecnia específica a la empresa y su mercado, el estratega debe procurar constantemente el control sobre toda otra que sea susceptible o brinde la oportunidad de consolidar la relación armónica con la comunidad.

Mezcla de Mercadotecnia

Producto y promoción: aunque debemos desarrollarlos y adaptarlos desde la perspectiva del consumidor y la competencia, nuestro control sobre ellos es mayor, aunque nunca total. El producto y la estrategia de comunicación son responsabilidad total de la empresa.

Personal: seres humanos, por lo tanto con capacidad de raciocinio y libre albedrío; sin embargo, la dependencia mutua con la empresa plantea la oportunidad de una relación armónica constante que mantenga la dirección de ambos también hacia objetivos mutuos.

Precio: aunque debe ajustarse y responder al consumidor y a la competencia, también debe hacerlo hacia las otras fuerzas macroeconómicas del mercado, por lo que nuestro poder de decisión sobre él no es absoluto.

Plaza: el negocio opera dentro de un mercado organizacional, por ende racional, pero atiende a un mercado conformado por seres humanos capaces de razonar y decidir también emocionalmente; además, son totalmente independientes, por lo que nuestro poder de decisión sobre la misma también es limitado.

A continuación, la descripción de cada una de las 5 P´s señaladas como variables controlables en nuestro modelo de mezcla de mercadotecnia.

Personal

Sin duda, la variable controlable menos reconocida y aceptada, ya que muchos de los grandes autores la desestimaron, seguramente porque en su tiempo éste, tanto como la discriminación y la segregación raciales, la lucha de clases, la polarización y demás temas similares no tenían la relevancia, trascendencia e importancia de hoy día.

Así, en estos albores de milenio, relegar a segundo plano la importancia del personal para el desarrollo de la empresa, para la búsqueda de relaciones armónicas con la comunidad, para la generación de beneficios mutuos, para la creación e intercambio de productos-satisfactores y para tantas otras, representa, mucho más que un garrafal descuido y falta de tino administrativo, una afrenta contra la sociedad, y por ende, contra su desarrollo, lo cual, como hemos venido insistiendo, truncará de tajo las aspiraciones de la empresa.

Debe reconocerse en el personal de la empresa, como en todo ser humano, su esencia como protagonista, principio y fin del desarrollo, tanto de sí mismo como de la comunidad y la empresa misma, la sociedad y la humanidad per se.

Sin embargo, no es sólo de reconocer tal importancia sino también proporcionársela mediante incentivos y ayuda a su propio desarrollo, como parte de nuestra responsabilidad social empresarial y los beneficios que nuestra filosofía administrativa establece intercambiar.

Más allá de simplemente perseguir y contratar colaboradores por sus conocimientos, capacidades y habilidades necesarias, se debe también, en ese proceso de intercambio harto señalado, identificar en ellos sus necesidades, principalmente las que Maslow llama sociales, y que abarcan el sentido de pertenencia, amor, estima y posición, y proporcionárselos. Esforzarnos como empresa porque Juan González sea Juan González dentro de la empresa y no un número más.

Que se sienta cómodo, libre de hacer y deshacer, ir y venir dentro de la empresa, como en su casa es Juan González, aunque por supuesto, cumpliendo a cabalidad con sus responsabilidades como colaborador en el desarrollo de la comunidad y de la empresa.

No es pues limitarse a pagar salarios justos sino, principalmente, velar, proteger e incentivar el desarrollo del colaborador, del ser humano que es.

El personal es el más valioso cliente de la empresa.

En comunión con él, en pleno intercambio y mutua contribución, debe construirse la sociedad minimalista y de sostenibilidad a largo plazo a través de la utilización de energías limpias, reforestación, reciclaje, aprovechamiento de los residuos, reutilización, relación con la naturaleza, conservación y prosperidad de nuestro medio ambiente, tanto como de nuestro sistema político y cultural, aunque por supuesto, manteniendo los derechos, la individualidad y la libertad necesarias a cada quien.

La empresa Google ha ostentado durante varios años consecutivos el primer lugar por el trato que brinda a sus colaboradores, no sólo a través de sueldos sino también de espacios de trabajo adecuados para que se relajen en tiempos muertos y rindan adecuadamente en su responsabilidad laboral: salones en forma de cabaña, piscinas, resbaladeros para bajar de un piso a otro, salas de relax, mesas de ping pong y de futbol, billares, colchonetas y demás.

Cerca de 35,000 colaboradores alrededor del mundo que generan aproximadamente 38,000 millones de dólares, en una de las empresas más reconocidas actualmente.

El estratega debe evolucionar mucho más allá que como simple profesional de la administración mercadotécnica, hacia todo un ser humano evolucionario por completo, pues sólo así podrá apreciarse como tal y, espontánea y consecuentemente, a sus semejantes. Al personal de la empresa y a la comunidad.

Bien sabemos que el ser humano es el principio y el fin mismo, así, todo producto-satisfactor, precio, plaza, promoción, finanzas, sicología y demás deben su existencia al ser humano. A personas. Con lo que contar con el personal adecuado se torna en la premisa más importante para el desarrollo de la empresa, sus productos y sus mercados, tanto como de la comunidad. De lo contrario, permaneceremos estáticos, sin avance alguno, o peor aún, iremos a la debacle.

Resulta entonces esencial identificar a los colaboradores idóneos para la empresa. Idóneos en cuanto a que compartamos los mismos objetivos de armonía, de intercambio de beneficios, de apalancamiento mutuo, de desarrollo y evolución.

La empresa no es ni más ni menos que personas, por lo que esta será lo que aquellas son. Lo cual impone la necesidad de definir un perfil general para todo aspirante a formar parte de la empresa y otro específico para cada plaza vacante.

Ese perfil del proceso de selección y reclutamiento de personal debe ceñirse entonces, en primer plano, a la filosofía de pensamiento administrativo, principalmente en cuanto a la actitud requerida en sus integrantes, y en segundo lugar, a los objetivos específicos y cualidades requeridas de la plaza laboral. En plena compatibilidad y empatía.

Sin embargo, contar con las personas idóneas es sólo parte de lo que se requiere para ese anhelado desarrollo.

Será necesario también imbuir y concienciar constantemente a dicho personal de la filosofía de administración, en tanto simultáneamente se le capacita en el área específica de su contribución al desarrollo. Sea en la fabricación del producto-satisfactor, su envasado, transporte, venta, cobro, presentación en góndola, control contable o lo que sea necesario para que se haga con la eficiencia y eficacia que la empresa requiere.

Dicha enseñanza será necesario plasmarla también en manuales de normas y procedimientos que indiquen con claridad a la persona qué, cómo y cuándo debe hacer lo que debe hacer, aunque para lograr su máxima eficiencia, también debe explicar por qué hacerlo, pues no sino comprendiendo a cabalidad las razones por las cuales se hace lo que se hace es que se hace bien.

¿Estará finalmente algún día preparado por completo el personal con una excelente capacitación? Confirmarlo vendría a echar por los suelos la estrategia de publicidad que pregona su constante presencia en medios para que el consumidor recuerde nuestros productos. De tal suerte, el personal, es decir, nosotros, tanto como el consumidor, necesitamos constantemente ese refuerzo de comunicación y enseñanza para estar preparados: siempre, para desempeñarnos bien. Profesionalmente.

¿Basta entonces con programas constantes de capacitación? No. En absoluto. El personal también requiere herramientas, equipo y materiales adecuados en calidad, tiempo y lugar para llevar a cabo su trabajo. Desde un simple bolígrafo, clips y papel, hasta una computadora portátil para que el vendedor demuestre a su cliente la rotación del inventario de su producto en góndola, entre otros. El personal de la empresa debe estar equipado correctamente para desempeñar bien su labor.

Pero aún más. Debe procurarse para el colaborador también un ambiente óptimo que le permita satisfacer sus necesidades sociales, amén de la libertad y comodidad que requerirá para desarrollar todo su talento, en pro de la eficiencia. Del desarrollo.

De igual manera, la empresa debe contar con mecanismos de control que permitan al personal cumplir a cabalidad con las funciones que de él se esperan, incluso verificando cuando menos una vez al año su estado de salud. Recordemos el caso expuesto previo de una enfermera de hospital con escasa visión. Un problema que puede ser resuelto con simples anteojos, simplemente lentes de mayor aumento, quizá, pero que sólo es posible detectar y corregir realizando periódicamente exámenes al personal. Tal tarea es responsabilidad absoluta de quien tiene a su cargo el departamento de servicio; sin embargo, lamentablemente, la mayor de las veces tal responsabilidad está bajo control de profesionales en áreas completamente alejadas de lo que un servicio profesional implica, con lo que desconociendo la profundidad de su responsabilidad, se limitan a castigar en los otros la propia incapacidad.

Mecanismos de control entonces en cuanto a salud, pero también en cuanto a forma de hacer las cosas, desarrollo personal y familiar y tantas otras como sean necesarias en pro del desarrollo del personal.

¿Empleados? No. No más. Tal calificativo minimiza y cosifica a las personas, con lo que resulta negativo para describir todo lo que ahora las sociedades necesitan de las empresas. Seres en evolución. Colaboradores que desde la empresa apalancan el desarrollo que sus comunidades, su sociedad, su pueblo y su país exigen y necesitan.

Las nuevas visión y evolución del estratega van mucho más allá de los otrora desechables empleados, pues el compromiso de desarrollo actual va mucho más allá de las paredes que encierran la fábrica, la tienda o el hospital.

El personal está compuesto por seres humanos con plena potestad y capacidad de llevar a la empresa consigo hasta el más alto peldaño de la sociedad, y recíprocamente, la empresa llevarlos a su desarrollo.

Aunque debemos tener presente también que en la medida que la responsabilidad laboral se aleja del trabajo meramente mecánico o rutinario, y se desplaza hacia la racionalidad y la toma de decisiones, el individuo empieza a operar con mayor libertad.

Para finalizar, revisemos que las consecuencias de un equipo humano desmotivado, sin apoyo ni posibilidades de hacer realidad sus anhelos y aspiraciones personales y familiares, incidirá en contra no sólo de la armonía y el clima organizacional positivo que el estratega debe buscar constantemente, sino también incidiendo en un alto costo oculto, tanto de manera directa, cuantitativa, como lo es a través de la merma en la eficiencia de producción, incluyendo la calidad de manufactura, como de manera indirecta, cualitativamente, a través de la alta rotación de personal que dicho genera.

Sí, la alta rotación de personal es otro costo oculto no registrado contablemente por la empresa, ya que el conocimiento y habilidades adquiridas son difíciles de cuantificar, sin embargo, cuando revisamos el costo por hora del instructor, tanto como el costo de oportunidad que implica el colaborador recibiendo dicha instrucción, ausente de sus labores productivas, podemos ir obteniendo alguna idea de lo que implica.

Además, en el último metro de las áreas de servicio, la ausencia intempestiva del personal de contacto regular con el que el cliente se ha identificado y está familiarizado, ocasiona cierta angustia y no pocas veces la no compra. Por ejemplo, cuando vamos al barbero y no encontramos a quien siempre nos ha atendido, titubeamos a quedarnos, y necesitaremos de algún contacto visual directo de un milisegundo con quien nos ofrece el servicio para anticipar alguna certeza en su oferta y decidir si la aceptamos o no.

El tema de las relaciones armónicas con el personal es profundo y no pocas veces harto difícil de llevar a cabo con la eficiencia necesaria, por lo que en pro de la armonía entre los equipos de trabajo, desde tiempo atrás se ha recurrido a expertos para realizar los procesos de reclutamiento, con el principal propósito de buscar y seleccionar candidatos acordes a la filosofía de pensamiento de la empresa.

De cualquier manera, el mercadeo es una dinámica que cobra vida allá afuera, lejos de la comodidad de la oficina, por lo que el personal debe estar dispuesto a construir relaciones armónicas siempre, incluso dentro del supermercado.

Plaza

Esta variable requiere suma atención de parte del estratega, principalmente por la cantidad y dinámica de sus actores, así como por la capacidad que poseen para hacer y deshacer, tanto a favor como en contra de la empresa, dada su total independencia en relación con ella.

Además, esta está integrada por seres humanos, por lo tanto, pletórica de emociones, juicios y razonamientos, válidos o no, también totalmente independientes. De tal suerte, y a pesar de formar parte del mercado organizacional y por tanto teóricamente obedecer a cierto criterio racional, en este caso, del revendedor, generalmente se tiene en realidad poco control sobre ella, sobre los clientes finales e intermediarios para ser preciso, y de ahí la importancia de velar constantemente por lo que ocurre y deja de ocurrir en ese ámbito, permanecer alertas y velar en todo momento por la relación armónica y nuestro liderazgo y posicionamiento como innovadores e impulsores del desarrollo.

En su justa dimensión entonces, resulta imprescindible tener a la plaza bajo estricta y constante observación a efecto de anticiparse a sus continuos cambios, o cuando menos responder oportunamente, dada su importancia como medio indispensable para llevar los productos desde bodegas hasta consumidor final, aunque también para recopilar una interminable lista de datos que generan información valiosa para la exitosa operación de la empresa en el mercado.

Apuntalar el éxito en esta tarea de doble flujo implica crear un sistema de distribución que satisfaga tanto los requerimientos de la distribución física como de los intermediarios, no sólo con la coordinación necesaria entre sí y la empresa, sino también con la eficiencia óptima en cuanto a costos, tiempo, fluidez y correspondencia necesaria, tanto hacia el consumidor como desde él, tal como se muestra en la figura plaza.

Plaza contempla desde inventarios de producto terminado en bodega hasta el detallista que atiende al consumidor final, en un flujo de doble vía que mediante la distribución física traslada de ida productos, facturas, precios, información, material POP, capacitación, promociones, y de regreso trae a la empresa pagos, productos obsoletos o dañados, datos e información, entre otros, a través de mayoristas y minoristas.

Así, instalar bodegas cercanas a los mercados e incluso plantas de producción para hacer más eficiente la distribución, competen al ámbito de la plaza, específicamente a la distribución física, misma que a continuación revisamos.

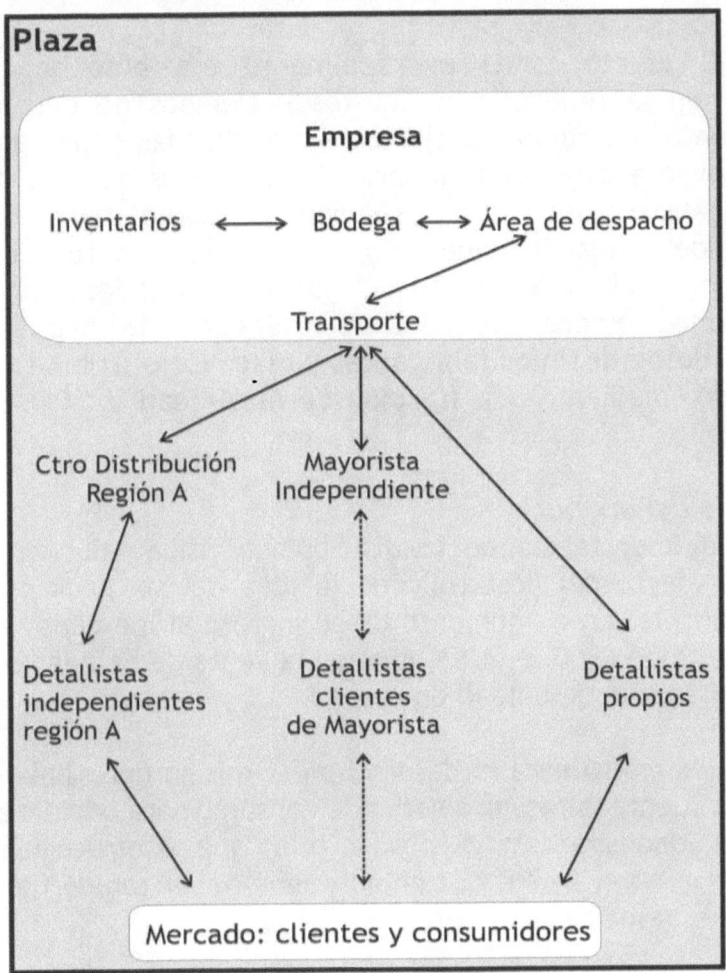

Distribución Física

La **distribución física** se ocupa de administrar lo concerniente al almacenamiento, transporte, manipulación, proceso y entrega de pedidos de productos, con el propósito primordial de agregarle valor o utilidad de tiempo y lugar a los mismos. Por supuesto, logrará tales valores agregados sí y solo sí alcanza la eficiencia en su proceso.

De tal suerte, poner a disposición del consumidor los productos en el lugar indicado y en el momento justo es en síntesis la responsabilidad de la distribución física.

Para el efecto, dada principalmente esa búsqueda de eficiencia en la reducción de costos y tiempos de entrega, generalmente son empresas ajenas, especializadas en el tema, las que llevan a cabo dicha labor. Intermediarios que cuentan con la infraestructura y demás recursos necesarios tales como sistemas de almacenamiento y transporte, tanto como conocimiento del área, los cuales son característicos de las distribuidoras, quienes concentran diversidad de marcas y productos desde distintos fabricantes y luego los distribuyen en su mercado, mediante una fracción de la utilidad o un precio convenido.

Análisis del six pack
Dada la importancia de la distribución física, elucubro e imagino respecto del desarrollo de la idea del six pack como envase múltiple, en el momento de su ingreso al mercado, allá por la década de 1960, en USA, cuando la venta de bebidas dejó de concebirse sólo de unidad en unidad.

Si bien es cierto para el desarrollo del mismo debe haberse tomado en cuenta la tasa promedio de consumo para decidir que fueran 6 unidades de lata de producto las que se ofrecerían al consumidor y no 4, 5, 7 u 8, también debe haber tenido fuerte incidencia el tema de la distribución física.

Y es que, de ser el caso que la tasa promedio de consumo se estimara en aquel tiempo, cuando se creó el six pack, en 4 latas por persona, quizá se hubiera pensado en lanzar un four pack o un five pack; sin embargo, con el four pack, las ventas se hubieran mantenido constantes, con lo que al ofrecer el six pack, se logró vender dos unidades más por ocasión de compra, aunque no se consumieran. Ello quedaba totalmente a criterio del consumidor. Pero de haberse creado un five pack, el enorme desperdicio de espacio volumétrico que dicha presentación ofrecería se hubiera traducido en ineficiencia en la distribución, pues en cada five pack se estaría almacenando, transportando y distribuyendo, ocupando espacio, una gran cantidad de aire. De espacio vacío que debería ocuparse con producto.

Entonces, el desarrollo de envases y empaques también está estrechamente relacionado con la actividad de la distribución física. O la distribución física, para ser eficiente, requiere de envases y empaques óptimos. Tanto así que los grandes contenedores para transporte masivo alrededor del mundo se han estandarizado a 2 tamaños: 20 y 40 pies, con lo que todos quienes participan en cadenas de distribución mundial, desde camiones, caminos, puentes, túneles, arcos, puertos, barcos, grúas, pilotos de cabezales y demás están completamente familiarizados con este estándar internacional. ¿El propósito? La eficiencia en la distribución.

¿Veremos algún día desaparecer la lata cilíndrica y el surgimiento de una lata rectangular, tal como el envase tetrabrik de cartón, en pos de la eficiencia en la distribución? ¿Compensará el supuesto ahorro en espacio modificar la infraestructura existente para hacerlas cilíndricas hoy día? ¿Cuánto se podrá ahorrar al hacerlas rectangulares? Y finalmente, ¿por qué el tetrabrik ya no es cilíndrico sino, efectivamente, rectangular?

De hecho, el envase rectangular versus el cilíndrico, ofrece una eficiencia de cuando menos 22% en la distribución.

Otros apuntes relevantes
Pero también inciden en la distribución física los formatos y formularios de factura, pedido, despacho, ingreso de mercaderías a bodega y demás que amparan legalmente el tránsito de los productos. De tal suerte, estos deben ser claros, fácilmente legibles y con la información pertinente al movimiento de productos que se realiza.

Las bodegas de almacenamiento, principalmente los anaqueles donde se colocará el producto, el espacio y la altura de entrepaños, la iluminación, el color de las paredes y pisos, la seguridad, el aire acondicionado, la amplitud y la comodidad para entrar y salir en el menor tiempo posible y tantas más, son características que también deben contribuir a la eficiencia anhelada. La bodega misma es un área de trabajo donde las personas deben sentirse cómodas, a gusto y, por tanto, predispuestas a realizar una eficiente labor. No ratoneras.

La flota de transporte también deberá ser acorde al producto, velando siempre por la eficiencia. El transporte para distribuir papel higiénico poseerá capacidades muy distintas en capacidad, poder y consumo de combustible al de una flota destinada a la distribución de bebidas gaseosas, e incluso, de transportar combustibles, será necesario tomar en cuenta toda otra serie de medidas de seguridad. De igual manera en cuanto a las condiciones topográficas del terreno. Una geografía abrupta, montañosa, con múltiples cuestas y descensos, requiere motores y llantas distintas a un terreno plano, con largas rectas.

Así mismo tiene repercusión el tamaño del vehículo de carga con la unidad de producto a transportar. Hoy día vemos que algunas empresas de comida rápida han empezado a utilizar la bicicleta como medio para la entrega a domicilio en los centros urbanos con alta densidad vehicular, principalmente en distancias cortas en las que ésta permite desplazarse con mayor agilidad. Además, contribuye con los propósitos de responsabilidad social empresarial.

Pero así como la bicicleta brinda dicha agilidad y rapidez en el transporte y entrega, también las flotas de aviones de DHL y otras grandes empresas de distribución deben cumplir con tales exigencias de agilidad y rapidez. Recordemos, en el lugar oportuno, en el momento justo, es esencial en la distribución física. El Just in Time.

De igual manera, todos los involucrados en la cadena de distribución deben adaptarse a las especificaciones estándar en el ámbito. Se crearan bodegas de recepción de materias primas tomando en cuenta el área que operar un contenedor de 40 pies exige, tanto como la altura a que tal se carga y descarga.

Incluso será necesario ponderar la implementación de centros de distribución y plantas de proceso en áreas más cercanas a los mercados, con el propósito de reducir costos de transporte y alcanzar la perseguida máxima eficiencia posible.

La industria de caña de azúcar en Guatemala maneja su acopio de materia prima a través de extensos "trenes cañeros". En realidad, potentes camiones o cabezales que jalan varias jaulas o vagones diseñados especialmente para el transporte de caña de azúcar durante la zafra, que incluso permiten el lavado y primer tratamiento de ésta aún a bordo de los mismos. Circulan dentro de sus propios caminos, trazados dentro de los cañaverales, en la mayoría de los casos, a la vez que reducen el consumo de combustible que ocho o diez camiones necesitarían jalando cada uno un solo contenedor.

De igual manera, décadas atrás, los ingenios azucareros enviaban el azúcar a exportar hasta los barcos en sacos de 1 quintal de capacidad. Los mismos sacos en que entonces se distribuía el azúcar para el mercado de consumo. Una vez a bordo del barco, a lomo de hombres, se rompía dicho saco y el azúcar se depositaba a granel dentro del contenedor especial del barco. Posteriormente se modificó ese empaque de 1 quintal por otro de 20 quintales o una tonelada, el cual se cargaba al barco mediante grúas. Actualmente se utilizan camiones con contenedores especiales para transportar desde los ingenios el azúcar a granel, y luego, aparcándolos en plataformas ubicadas sobre la superficie del barco, las cuales se inclinan casi 45 grados sobre la horizontal, dan lugar a una descarga por gravedad que envía el azúcar directamente hacia el fondo del foso del barco, donde el producto se almacena y transporta hacia los distintos mercados alrededor del mundo.

Así pues, la distribución física, al ocupar un importante porcentaje en la estructura de costos del producto, y por ende, de su precio al consumidor final, está constantemente bajo análisis y estudio del estratega, quien permanece atento en pos de toda reducción posible, tanto en tiempos como en costos.

Canales de distribución e intermediarios

Los canales de distribución en la plaza se refieren a los distintos intermediarios que los productos recorren para llegar hasta el consumidor.

Iniciando con la fábrica que vende por mayor a tres o cuatro mayoristas, quienes a su vez clasifican y ordenan los productos en lotes de venta más pequeños para revenderlos a varios detallistas, 25, 45 quizá 50, quienes finalmente venden el producto por unidad al consumidor final.

Así, aquellos productos que requieren de una distribución intensiva a través de cientos o miles de establecimientos al detalle para cubrir un extenso mercado geográfico necesitarán un canal de distribución más largo que los productos de exclusividad, los cuales, cuando mucho, requerirán un punto de venta o un intermediario dentro del mercado.

De igual manera, una misma empresa puede recurrir tanto a intermediarios independientes como a la creación y administración de sus propios establecimientos comerciales intermediarios, lo cual le confiere el control total desde la fábrica hasta el POP, justo ante el cliente, así como los ingresos monetarios que dicha actividad de intermediación genera. Toda una estrategia de integración hacia delante y generación de valores agregados.

La cantidad de intermediarios necesarios nos proporciona el nivel del canal. Así, un canal de nivel 1 indica que entre el consumidor y la empresa sólo hay un intermediario, como lo es el caso del fabricante que vende directamente al detallista.

Cuando la cantidad de detallistas exige incorporar al canal un mayorista para colaborar en la distribución, entonces el canal será de nivel 2, ya que operarán dicho mayorista y varios detallistas. Un canal de distribución de nivel 3 incluirá un distribuidor nacional seguramente, varios otros geográficos y cientos o miles de detallistas.

La correcta elección de los intermediarios es esencial para desplazar nuestro producto.

Como fabricantes, interesarán mucho más aquellos intermediarios que poseen imagen por sí mismos y proporcionan servicios agregados al producto, En el caso de detallistas: diversas opciones de pago, capacidad de estacionamiento, comodidad, seguridad, empaques especiales y demás que, si bien lo hacen porque contribuyen a la satisfacción de su cliente y sus objetivos como canal independiente, por añadidura también lo hacen hacia el producto de la empresa, y por ende, de su beneficio.

Dada entonces la eficiencia que la distribución física requiere, y el conocimiento y especialización que cada intermediario posee de su territorio, las empresas cuyos productos requieren de distribución intensiva necesitan acudir a tales intermediarios mediante procesos de compra-venta. Un proceso de compra-venta racional en el que, como principal característica, se trasladará la propiedad de los productos, desde el fabricante o mayorista hasta el distribuidor o detallista, según el caso, mediante factura contable, pero de ninguna manera la responsabilidad total por el producto mismo o la marca ante el consumidor final, pues ambos serán siempre responsabilidad del fabricante.

Cuando compramos un aparato eléctrico Samsung en alguna tienda de electrodomésticos, lo que está en ciernes es Samsung, no sólo la tienda en que lo compramos.

Sí, la compra-venta entre intermediarios, a pesar del traslado de propiedad de los productos, presenta ciertas condiciones o características especiales que la distinguen de los procesos de compra-venta que se suscitan en el mercado de consumo. Entre otros:

• Que habiendo un precio de venta al consumidor final de antemano determinado por el fabricante o primer vendedor, el intermediario comprador lo acepta y respeta como base de su precio para el siguiente eslabón de la cadena de distribución o consumidor final, con lo que su utilidad financiera resulta del margen de utilidad sobre el precio al que forzosamente debe revender el producto. Aunque pueden existir negociaciones. E incluso, en el caso de ser único distribuidor, alguna o total libertad para esta fijación de precios.

• La empresa vendedora, si bien es cierto traslada la propiedad del producto, no le interesa en absoluto perder la responsabilidad por el cuidado y tránsito del mismo a lo largo del canal, por lo que deberá velar porque llegue en óptimas condiciones al consumidor final, en el momento justo y a los lugares precisos, en procura también del cuidado de la imagen de su marca, entre otras.

• Para lograr el propósito anterior, que en esencia consiste en velar porque el intermediario revenda lo más pronto posible el producto, en condiciones óptimas y en los segmentos geográficos de mercado que le competen, el fabricante puede impulsar estrategias de promoción de ventas a lo largo del canal, principalmente hacia las fuerzas de ventas de los intermediarios, con el propósito de empujar el producto hasta el consumidor final.

• Adicionalmente, siendo preocupación y responsabilidad también del fabricante o primer vendedor la compra o demanda de sus productos por parte del consumidor o cliente ante los detallistas, también puede impulsar estrategias de arrastre que jalen el producto a través de los canales; principalmente, publicidad.

• La colaboración de los distintos intermediarios es esencial para el logro de los objetivos, por lo tanto, la relación armónica que pregonamos tiene especial preponderancia con estos.

El primer inciso nos hace ver otro importante costo de la estructura de nuestro precio de venta al consumidor final: el margen de utilidad que cobra el intermediario, el cual frecuentemente se encuentra estandarizado en cada industria.

Los intermediarios, como señalamos, brindan valores agregados a nuestros productos. Entre los cuales también tenemos la variedad y disponibilidad. Un fabricante por sí sólo no es capaz de ofrecer todas las alternativas que el consumidor requiere para elegir, salvo que desarrolle una integración hacia adelante e implemente otro negocio como detallista en el mercado, en el cual se provea tanto a sí mismo como desde otros fabricantes.

Las tiendas de ropa, por ejemplo, nos brindan la oportunidad de encontrar en un solo sitio la variedad y disponibilidad necesarias para determinadas líneas de productos. Además, brindan un valor de lugar, acercando el producto al cliente, pues recordemos, las fábricas generalmente se encuentran en áreas remotas, cuando no totalmente fuera del mismo país. De igual manera, el detallista brinda el valor de tiempo, ya que nos ofrecerá el producto cuando generalmente lo necesitamos, y no antes como tampoco después. Ropas adecuadas para cada estación. Finalmente, los detallistas pueden brindar valor de imagen a un producto, cuando son reconocidos en el ámbito como poseedores de cierto prestigio en cuanto a la calidad de los productos que venden; aunque también pueden brindarla porque venden productos de buena calidad a bajo precio. O simplemente, incluso, a bajo precio.

Y es respecto precisamente a este último valor agregado, la imagen de los intermediarios, que el estratega debe evaluar también la conveniencia o inconveniencia de poner sus productos en determinados intermediarios, pues resulta imperante que exista plena correspondencia entre estos y las metas de imagen de la empresa. Un producto que requiere imagen de calidad y prestigio no es compatible con tiendas que venden a bajo precio, tanto como a la inversa.

Existe otra perspectiva menos formal, pero no menos importante, desde la cual identificar a los intermediarios. Su poder. Con lo cual identificamos básicamente tres escenarios. Grandes y poderosos, normales y pequeños.

Los grandes y poderosos generalmente presentan una magnífica oportunidad para llevar nuestros productos al consumidor final, pues poseen amplia presencia en el mercado a través de una gran cantidad de puntos de venta, prestigio, potencial de ventas, fuerte apoyo promocional, tanto propio como de sus mismos proveedores, así como servicios y valores agregados que redundan en clientes leales, casi de toda la vida. El cliente fantástico. Sin embargo, estos intermediarios no sólo son cuidadosos con los productos que colocan en sus estanterías sino también hacen de la necesidad de fabricantes por ocupar tales espacios un negocio adicional, en no pocos casos requiriendo ciertas cantidades de producto gratuito a cambio de proporcionar la oportunidad de tener presencia en anaqueles durante un tiempo estipulado, y dependiendo del resultado en la rotación del inventario, entonces quizá realizar alguna compra para dar formalmente de alta al producto dentro de su oferta normal al consumidor.

En el otro extremo se encuentran los intermediarios pequeños, a los cuales la empresa fabricante muchas veces no le interesa ofrecer sus productos, sea porque estos intermediarios presentan algún grado de desorganización o irresponsabilidad en el manejo del negocio, mala imagen ante el consumidor, ubicación no representativa u otras causas. Si bien es cierto representan poco valor comercial, pueden ser una excelente alternativa para dar salida a ciertos productos que no lograron avanzar en los canales tradicionales o bien al amparo de estrategias específicas, por lo que de ninguna manera pueden quedar excluidos del propósito de una relación armónica.

Lo ideal, en todo caso, es que la empresa distribuya sus productos de la manera más homogénea posible entre sus intermediarios, principalmente ante los grandes y poderosos, para no caer en excesos de dependencia que tarde o temprano puedan llevar a la pérdida de control de sus precios e incluso de su producción y hasta de su misma marca.

Existe una amplia diversidad de intermediarios en el mercado del revendedor, pero todos, en esencia, pertenecientes al mercado organizacional, y con una función claramente definida: comprar para revender. Por lo tanto, los intermediarios en el mercado de la reventa compran, en primera instancia, utilidades. Así, aunque no sea el margen de utilidad lo más importante en sus compras, sí lo será que los productos comprados tengan una óptima rotación en sus inventarios o ayuden significativamente en la rotación de otros, lo cual, al final de cuentas, se traduce en utilidades. Es el caso hoy día de las recargas electrónicas para telefonía celular.

Sin embargo, ningún intermediario querrá tener saldos como tampoco inventarios obsoletos, por lo que el estratega de mercadotecnia debe tener, amén de una estrategia de comunicación y promoción ideal para su cliente consumidor final, otra específica, ideal para sus intermediarios, que les ayude a desplazar continuamente la totalidad de los productos a través del canal.

La relación armónica que debe existir entre intermediarios y empresa proveedora es básicamente de colaboración mutua, pues de ella depende el éxito de la gestión de ambas. Aunque claro está, también es factible un perverso juego de poderes.

Una vez agotados los temas que involucran a seres humanos, como en esencia lo son los previos: personal y plaza, iniciamos con la variable más controlable a que podemos aspirar dentro de la mezcla de mercadotecnia. El producto.

Producto

Como han visto, he venido insistiendo en que lejos de quedarnos simplemente con el concepto de producto, que a fin de cuentas puede ser cualquier cosa que se intercambie, incluso sin beneficio para alguna de las dos partes, como mercadotecnistas debemos ir más allá y pensar en satisfactores, en producto-satisfactor. Así, y solo así, podemos definir un **producto-satisfactor** como cualquier cosa que permite su intercambio generando beneficios que satisfacen necesidades mutuamente.

De tal suerte, la estrategia de producto-satisfactor debe tener como base tres premisas indispensable:
  * Diferenciación.

- Capacidad de satisfacción o beneficio.
- Costo reducido.

Como consecuencia de la evolución del ser humano y sus necesidades, un producto-satisfactor también evoluciona con el paso del tiempo, de tal suerte, previo pudo haber sido un producto-satisfactor muy simple, que en consecuencia también satisfacía necesidades simples, tanto que en efecto era simplemente un producto, tal el caso de los zapatos que sólo ofrecían protección al caminar.

Hoy día, sin embargo, contamos con zapatos con horma para pie izquierdo y derecho, en la talla que nos ajusta perfecta, el color que combina, el diseño que nos gusta y el precio que podemos pagar, entre otras alternativas, pero 5,000 años atrás, los pies se protegían con simples bolsas de cuero o piel que se amarraban con cuerdas vegetales o del mismo cuero, satisfaciendo simplemente la necesidad de proteger los pies de piedras, guijarros, raíces y de alguno que otro animal al momento de caminar, y aunque incipientemente, quizá también se satisfacía alguna necesidad de comodidad.

La creatividad del hombre, sin embargo, pudo haber hecho que alguno de tales primitivos tuviera la idea de hacer dichas bolsas con cuero de cierto animal considerado entonces como mucho más peligroso, con lo que al lucirlas en sus pies, daba a conocer también su valentía, y por ende, no sólo satisfacía su necesidad de protección y cuidado para los pies sino también supremacía, sentirse bien e incluso admirado por el género opuesto.

Hoy día, el calzado, además de proteger nuestros pies, nos brinda comodidad con su talle justo al tamaño y sus materiales frescos y capaces de respirar; pero también nos proporciona presencia y vestido, pues esos zapatos color negro sí que combinan muy bien con el traje color gris oscuro tanto como los de color rojo, de tacón alto, con el vaporoso vestido de flores estampadas que ella luce, por ende, también refuerzan nuestra sexualidad. Claro, pueden proporcionarnos prestigio y status, de ser el caso que se compre alguna de las marcas que hoy día ocupan los escaparates en la 5ta avenida de New York o el campesino de la aldea de San Jerónimo sea quien compra en las inmediaciones del parque central de nuestra ciudad, para luego llegar a ostentar en su remota comunidad.

Así, desde una innata necesidad primaria de seguridad, de protección, el calzado pasa a satisfacer nuestra necesidad de comodidad, de afirmación sexual, de sentirnos bien emocionalmente, pues nos permite lucir ante el espejo tal como queremos, y, finalmente, satisfacer también nuestra necesidad de poder y triunfo, de dominio sobre el mundo.

Por supuesto, es preciso asentar en este momento que nuestra prehistoria no está 5,000 o 20,000 años atrás sino simplemente algunos kilómetros a la redonda, ya que aún hoy, en pleno siglo XXI, alguien utiliza una simple bolsa de piel para proteger sus pies, o incluso menos, y aún camina descalzo. Es una perspectiva que no podemos dejar de tener en mente durante nuestro desempeño.

Retomando, esta es pues la explicación de lo que es el **producto formal,** un par de zapatos, color negro, de cuero en la parte superior y suela de material sintético, y el **producto aumentado** será aquel que ofrece al consumidor toda una suma de beneficios o valores agregados, incluso aportados por el POP. Finalmente, emerge el **producto medular,** el cual se constituye en la razón subjetiva esencial por la que el consumidor adquiere el producto.

El cliente de calzado comprará entonces lo que su necesidad medular le exija. Algunos, protección; otros, comodidad, vestido y presencia, y otros morirán por adquirir status e imagen. ¿Alguien compra zapatos? Quizá en el mercado de necesidades, pues el consumidor influenciado por la comunicación generalmente busca satisfacer necesidades medulares, y estas sólo pueden ser satisfechas con la dimensión medular del producto.

Continuamente el ser humano evoluciona, como se asentó, y con él, sus necesidades. De tal suerte, antaño sólo quienes poseían mucha imaginación concibieron la idea de viajar a Marte, pues no existían ni remotamente los medios para hacerlo, pero hoy día, sin duda, ya muchos han de estar añorando emprender tal aventura. Se está despertando entonces una necesidad latente que ha estado dormida durante siglos. Quizá milenios.

De igual manera con las redes sociales y su capacidad para mantenernos en contacto con nuestros grupos de referencia sin perder nuestra autonomía. Cien años atrás nadie imaginaba lo seductor que sería escribir y comunicarse con todo el mundo en apenas un par de segundos. Así, hoy día, principalmente ante ese auge de las comunicaciones, las necesidades han sido moldeadas e incentivadas a satisfacerse de manera más completa, con más beneficios específicos, por lo que los clientes demandan productos-satisfactores tanto como medulares más específicos para sus necesidades, pues estas también son ahora más específicas. Es decir, las necesidades se han tornado en necesidades elaboradas o deseos. Necesidades que se satisfacen con un producto específico que lleva ciertos atributos, tales como nombre y marca entre otros

Sí, todo producto-satisfactor posee ciertos atributos físicos y emocionales cuya presencia en él se planean en función de su contribución al propósito de intercambio y satisfacción de necesidades o beneficios mutuos. Entre estos tenemos **atributos intrínsecos** al producto, tales como su calidad, forma, color, presentación y estilo, al igual que su empaque y envase, lo cual es meramente físico, tangible, y **atributos extrínsecos** al mismo, tales como marca, posicionamiento y denominación de origen, entre otros, los cuales se crean y fortalecen ante el consumidor mediante la estrategia de comunicación.

Estos atributos en el producto deben alcanzar total armonía entre sí para lograr un solo objetivo: un producto-satisfactor tal que incite a su intercambio. La satisfacción mutua de necesidades será consecuencia de dicho intercambio, por lo que resulta entonces primordial velar por tales atributos. *Por el desarrollo de un producto-satisfactor cuyos atributos inciten en el cliente específico un intercambio que satisfaga su necesidad medular que nuestro producto-satisfactor satisface desde su perspectiva medular ¿Calzado de calidad? Sí, de calidad acorde con un costo, y por ende con un precio, con un intermediario, con una marca y con un empaque, y por ende, con un mercado determinado o específico.*

Así, la **calidad,** a pesar de ser totalmente física, se ha tornado en un valor subjetivo común a todo producto. Nadie compra algo que no sea de calidad, aunque por supuesto, sabemos lo será en su justo rango de precios. La calidad misma de nuestro calzado puede ser de bajo precio, estándar o de muchísimo valor, dependiendo de lo que brinde esa calidad.

El cliente de escasos recursos que necesita comprar un par de zapatos, pero cuyo ingreso le permite hacerlo sólo entre aquellos de ínfimo precio, buscará a toda costa calidad, representada quizá en la durabilidad que el calzado le ofrezca, para sacar el máximo provecho de su dinero, y cuando lo adquiera, incluso en las inmediaciones de un mercado de buhoneros, podrá sentir tanta satisfacción como el cliente que compra alguna marca italiana de altísimo valor en la misma prestigiosa tienda de la 5ta avenida de New York.

El primero comprará calidad, traducida esencialmente en durabilidad, en tanto el segundo, traducida en comodidad o status. Ambos, sin embargo, sentirán suma satisfacción por su compra.

De similar manera sucede con los otros atributos intrínsecos de nuestro producto-satisfactor. Todos y cada uno deben ser desarrollados con la armonía necesaria entre sí, pensando en el cliente específico y su necesidad medular que pretendemos satisfacer. El **envase,** entre ellos, el cual supone otra oportunidad extraordinaria para favorecer el intercambio. Sin embargo, para evitar confusiones, aclaro que **empaque** es la manera como protegemos el producto durante su transporte y distribución, y **envase,** la forma en que contenemos y protegemos el producto en todo momento, incluso en góndola o anaqueles. Aunque comprendemos que también lo hace durante el citado transporte y distribución.

Aclarado el tema, el envase, dada su total exposición ante los ojos del cliente, posee fuerte incidencia en la conducta de compra, como lo vemos en el caso de los perfumes, primordialmente, aunque también con la mayoría de productos en góndola. Una carne empacada correctamente deja de ser esa masa sanguinolenta que el ama de casa se negará a tomar con sus manos. De tal suerte, debemos aprovechar ese manifiesto potencial del envase para apalancar la venta de otros productos tal el calzado mismo, mediante alguna innovación de bajo costo en dicho envase.

Claro, el empaque del calzado, que no usa envase propiamente sino la clásica caja que mantiene unido el par de zapatos, que amén de conservar el producto, nos ayuda a su almacenaje, transporte y distribución, quizá sea factible de modificarse a una caja lineal que guarde los zapatos uno delante de otro y no uno encima o al lado de otro. Es de analizarlo detenidamente, pero me atrevo a decir que un empaque con forma lineal y un sujetador de pita para colgarlo al hombro podría ser muy atractivo para cierto grupo de consumidores, amén de una excelente manera de exhibir y dar a conocer nuestra marca, e incluso, y sumamente importante, contribuir a diferenciarla. Quizá un empaque promocional durante el período de lanzamiento de la marca. ¿En bambú?

Respecto de los atributos extrínsecos, tal cual la **marca**, podemos escribir todo otro libro al respecto, pues dichas poseen el potencial necesario para ser por sí mismas todo un producto-satisfactor que debemos planear, desarrollar y controlar continua y concienzudamente. Incluso puede ser nuestro más valioso recurso. Levis lo es tanto como supermercado La Torre, Pollo Campero, Cementos Progreso, Victorinox y muchas más.

De tal suerte, el nombre de marca debe reunir ciertas características especiales. No es el caso simple y llanamente de un nombre como Caballo Rojo o Laguna Azul, ¿o sí? Me explico.

Una marca tiene como propósito principal que el cliente o consumidor identifique y perciba el producto o negocio con sólo escucharla o leerla. Es decir, una marca debe poseer personalidad. Personalidad que se planea, desarrolla, construye y, principalmente, se da a conocer. Sí, pues de poco sirve que el estratega la conozca. Es el mercado, el cliente, el grupo objetivo quien debe conocer la marca y su personalidad. Sin embargo, lograr dotar de personalidad a una marca en la mente del consumidor necesita no sólo dinero en comunicación, esencialmente publicidad, sino también en el vasto andamiaje previo necesario para tener en el mercado productos de calidad que respalden y consoliden la personalidad de la marca que construimos.

Porsche, Pollo Campero y el IRTRA no son en la mente del consumidor lo que son sólo por su publicidad como tampoco sólo por sus productos-satisfactores sino por la conjunción perfecta entre ambas. Por la sinergia entre marca, comunicación y producto-satisfactor, y el evidente compromiso de satisfacción al cliente que percibimos y constatamos cuando realizamos nuestra compra de alguno de ellos. Acorde a lo que cada una representa.

Por supuesto, mediante la publicidad se lograra dar a conocer la marca y su personalidad en un corto plazo, sin embargo, sin garantía alguna de que será una marca robusta y trascendental, con auténtica y poderosa personalidad. La publicidad simplemente permitirá darla a conocer más rápido, más fácil, y quizá hasta sólida, pero si no está respaldada con trabajo sólido y tenaz en programas de producto y servicio para lograr esa consolidación entre lo que se dice que se es y lo que en realidad se es, nunca se logrará construirle ni dotar de verdadera personalidad a tal marca.

¿Vale la pena desarrollar una marca con personalidad? Lo valdrá en tanto los planes a futuro lo valgan, lo cual obliga a pensar en este momento la posibilidad de un nuevo concepto: producto-marca-satisfactor, en el caso de aquellos productos cuya compra obedece principalmente al efecto de su marca. Sí. Aquellos productos que se venden mayoritariamente por el glamour de su marca. Generalmente, de exclusividad. Es un Chanel, dicen.

¿Y qué con el **posicionamiento**? Este viene siendo el aura que mediante el proceso de comunicación le construimos al producto-satisfactor en la mente del consumidor. Conduce a una relación más sólida y armoniosa entre el cliente y el producto. No sólo la preferencia y una imagen totalmente positiva y satisfactoria sino, además, que incentiva y produce cierta relación desde el cliente hacia el producto-satisfactor. Una relación viva, con sentimientos. Un paso previo a la marca con personalidad.

Caso contrario a una **denominación de origen**, principalmente para los productos agropecuarios, que no por comunicación alguna sino por naturaleza propia poseen cualidades organolépticas distintas, inherentes a los climas e incluso microclimas donde nacen y se desarrollan, los que les confieren determinada calidad, apreciada por cierto tipo de consumidores, principalmente los más exigentes. Sin embargo, es necesario comunicarla.

Esta distinción, otorgada por instituciones estatales, y en el mejor de los casos también regulada y controlada, aún no es explotada comercialmente con todo el potencial que ofrece como ventaja competitiva para diferenciar productos tal el caso del café, la miel de abeja, bananos y muchos más, propios de nuestras regiones tropicales.

Otros apuntes acerca del producto
Lo descrito hasta este momento se planea y lleva a cabo principalmente dentro de la empresa, bajo absoluto control por parte del estratega, sin embargo, la hora de la verdad, el

momento cumbre del proceso, sucede en los últimos dos metros, en el POP, point of purchase, en la tienda o establecimiento a la cual el consumidor o cliente acude para comprar. Sí, lo planeado y ejecutado hasta ahora puede incluso parecernos maravilloso, divino, trascendental, pero es ahí, en el POP, un espacio independiente y ajeno la mayor de las veces, donde se lleva a cabo, o no, el momento cumbre y verdadero de todo el largo proceso: el intercambio.

De tal suerte, no podemos dejar a la deriva nuestro producto una vez llega a la tienda, mucho menos abandonarlo. Totalmente por lo contrario, es ahí, en esos últimos dos metros, donde más apoyo y respaldo debemos conferirle.

La publicidad en punto de venta, la ubicación del producto dentro de los estantes, su impulso mediante una fuerza de ventas especial, el estímulo adecuado a la fuerza de ventas de la tienda, el envase y su etiqueta, como últimos gritos para que el consumidor tome nuestro producto en sus manos y lo lleve, al igual que muchas otras herramientas, son comunes en el ámbito, y necesarias. Indispensables, total y absolutamente.

Por otro lado, todo producto-satisfactor, como negocio que es, previo a su creación también deberá ser evaluado en términos de su probable vida y desarrollo a futuro dentro del mercado, pero no sólo para el momento actual y ni siquiera para los próximos 4 o 10 meses sino a largo plazo, tanto como hoy día lo pueden ser 5, 7 o 10 años.

Sí, como se indicó al inicio, debemos prever la demanda a futuro de nuestro producto-satisfactor. Su potencial de crecimiento y desarrollo dentro del mercado, y anticipar los ajustes y cambios que necesitará para evolucionar y ajustarse continuamente a los siempre cambiantes motivos de compra del consumidor y la evolución y desarrollo de la tecnología, entre otros.

Es innegable el contraste que encontramos en este sentido entre las industrias de las TICs y la de jeans, por ejemplo, pues la primera presenta una vertiginosa velocidad de cambio y desarrollo constante, tanto que el Walkman, el VHS e incluso el Black Berry han permanecido en los mercados un instante, en comparación con los de la segunda, los jeans, los cuales, a lo largo de cerca de siglo y medio de historia, sólo han presentado ligeros cambios, tal cual pasar de botones a cremallera en su bragueta.

De tal suerte, no nos interesará desarrollar productos-satisfactores sobre los que preveamos la desaparición de su demanda a corto plazo o una merma drástica en la misma, sino por lo contrario, satisfactores cuya categoría general se encuentre aún en fase de introducción o incluso crecimiento, quizá en madurez, pero nunca en declinación o muerte dentro del mercado.

Identificar entonces la ubicación de la categoría del producto en su ciclo de vida y anticipar su demanda a futuro resulta esencial previo a siquiera intentar desarrollar alguno por nuestra parte, pues la creación y desarrollo de los mismos, partiendo desde la sutil detección de la necesidad latente u oportunidad en el mercado, exige tanto o más tiempo del que incluso puede permanecer en él, al igual que de grandes cantidades de dinero, tiempo, personal involucrado y demás valiosos recursos.

Con el propósito de profundizar más en la práctica de este importante tema de creación y desarrollo de nuevos productos, a continuación se exponen otros conceptos básicos que, a la vez, ayudarán a la comprensión del tema.

Creación y desarrollo de nuevos productos
Desarrollar una nueva salsa de tomate es mucho más fácil que desarrollar una salsa de color azul a partir de clavos de olor y pimienta gorda para aderezar alimentos cocinados para el desayuno. ¿Por qué?

Pues porque la salsa de tomate es un producto maduro en el mercado, reconocido y aceptado por todo mundo y por tanto, de ser el caso de desarrollar alguna, simplemente será otra más.

Adicionalmente, de ser el caso que sea un nuevo miembro de una marca sombrilla reconocida y aceptada de antemano, el éxito de esa nueva salsa de tomate dentro del mercado está prácticamente asegurado. La nueva salsa azul, por lo contrario, siendo totalmente desconocida, desde su mismo color, debe abrirse paso desde 0, máxime si también es una nueva marca.

Parte sumamente importante del éxito de la actividad empresarial radica en la capacidad para adelantarse al futuro para prever los acontecimientos del mercado que incidirán en la operación, y por tanto, prepararse para aprovecharlos de óptima manera, enfrentarlos adecuadamente o, en el peor de los casos, responder, de manera simple pero oportuna, antes que sea demasiado tarde. De tal suerte, los nuevos productos, dada su importancia como único recurso que posibilitan el intercambio, y por ende el desarrollo continuo, deben formar parte de la estrategia general de la empresa. Sí. No existe empresa cuando no hay un producto-satisfactor a intercambiar con el mercado; por ende, tampoco desarrollo. Por lo que lejos de generar nuevos productos por el azar o la casualidad, e incluso por la urgente necesidad como última tabla de salvación, la empresa debe contar con un programa que promueva constantemente la creación y desarrollo de nuevos productos.

La actividad de generación y desarrollo de nuevos productos puede ser tan constante e importante como dedicar todo un departamento de investigación y desarrollo perennemente al tema, o bien a partir de reuniones semanales e incluso mensuales, en las que participen vendedores, personal de mercadeo, producción, finanzas, atención al público, clientes invitados e incluso personal de nuestros clientes, entre otros, para realizar sesiones de tormentas de ideas que generen una luz e información sobre nuevas oportunidades de producto, de acuerdo con lo que los participantes escuchan y ven en el mercado.

De antemano, tanto la estrategia general como la misma estrategia de investigación y desarrollo de productos habrán definido los objetivos que todo nuevo producto debe cumplir, tanto como los lineamientos a los cuales deberá ajustarse desde su concepción misma, para mantener la línea y los objetivos de mercado incólumes.

De tal suerte, resulta de importancia conocer con respecto a qué es un **nuevo producto**, pues dependiendo de la perspectiva, puede ser nuevo sólo para la empresa, sólo para el mercado o para ambos.

La clasificación comúnmente aceptada describe 4 interpretaciones de nuevo producto–satisfactor:
• Realmente innovadores, tanto para el mercado como para la empresa
• Nuevos para la empresa, pero conocidos por el mercado
• Conocidos por la empresa, pero nuevos para el mercado
• Modificaciones o extensiones de los existentes

Vale señalar que todo producto-satisfactor será considerado como distinto de otro aunque pertenezca a la misma categoría, tenga la misma marca y se diferencie simplemente, por ejemplo, por el tamaño de su presentación, como lo es el caso de la salsa de tomate Kerns de 14 onzas con relación a la misma salsa en envase de 10 gramos. Claro, una presentación está dirigida a la mesa en el hogar y la otra, a la mesa en los restaurantes de comida rápida, con lo que se prevé que son administrados de manera distinta.

Así, diremos que productos realmente **innovadores** son aquellos que carecen de parámetros de comparación, con lo que su desarrollo será factible sólo después de muchísimo aprendizaje y conocimiento, tanto del producto en sí como de su mercado, tal cual lo han sido en su momento las bicicletas de bambú de Guatemala, los lentes Google o un cebiche de pescado aderezado con aceite de oliva y alcaparras.

Por su lado, los productos **nuevos para la empresa** son todos aquellos que existen en el mercado pero que la empresa detecta y establece que son susceptibles de imitar e incluso mejorar en cuanto a la satisfacción de las necesidades del cliente, y por ende decide incorporarlos a su oferta. Brindan la enorme ventaja de tener un parámetro a imitar-superar: imitando lo bueno y corrigiendo lo malo mediante el agregado de lo propio.

Los productos **nuevos para el mercado pero conocidos por la empresa** son aquellos productos que la empresa administra en otros países o mercados y, ante alguna oportunidad, decide introducirlos en otro nuevo territorio geográfico. El esfuerzo más importante estará centrado en establecer la probable demanda en el nuevo territorio y dar a conocer dicho producto en él. Por supuesto, incursionar en nuevos mercados que presenten similares hábitos y motivos de compra y consumo será más fácil que en mercados totalmente distinto en cuanto a tales parámetros.

Un producto guatemalteco fácilmente podrá introducirse en el resto de Centro América, en tanto que llevarlo e introducirlo en Japón o Brasil será un verdadero reto.

Finalmente, las **modificaciones o extensiones de producto** se refieren a aquellos que presentan en determinado momento alguna nueva característica que los diferencia del original, como podría ser una salsa de tomate que ahora tenga cebolla como ingrediente adicional, un nuevo envase o un nuevo tamaño.

Una simple extensión de línea de producto requerirá poca inversión, capacitación interna y comunicación externa para apalancar su desarrollo en el mercado, sin embargo, un producto totalmente nuevo, también para el mercado, sí que requerirá muchísimos recursos, desde dinero, tiempo, mano de obra y capacitación, hasta programas publicitarios masivos.

Aunque el aprovechamiento de oportunidades de mercado debe prevalecer en la mente del estratega, el mismo no debe ir más allá de las posibilidades reales de la empresa, su segmento de mercado y su propia estrategia, con lo que su programa de Investigación y desarrollo debe definir con antelación hasta dónde llegar en el tema de nuevos productos, principalmente en cuanto a la relación o sinergia que dichos deben mantener con la línea de productos y mercados en que la empresa opera.

Sin embargo, nuevo para la empresa o totalmente novedoso, el ciclo de vida de un producto inicia generalmente desde cuando el estratega:

- Detecta la necesidad en el mercado
- Establece alguna capacidad extra de producción.

Por supuesto, también puede surgir un nuevo producto porque espontáneamente se presenta una innovadora idea que de alguna manera se adapta a las operaciones de la empresa o porque el Sistema de Información de Mercado anticipa una oportunidad extraordinaria de mercado o porque se necesita vender más o generar más utilidades, entre otras causas. En todo caso, sin embargo, será necesario evaluar uno a uno los pasos que el **proceso de creación y desarrollo de nuevos productos** dicta al respecto.

Algunos autores citan la **tormenta de ideas** como el primer paso para obtener esa luz que indicábamos párrafos atrás. Partiendo desde tantas ideas simples como sean posibles, pues a continuación se decide mantenerlas o rechazarlas mediante un tamizado de las mismas, de acuerdo con su congruencia con las operaciones mercantiles de la empresa y el valor que representan como oportunidad. Las ideas que pasan dicho tamiz, se afinan y definen de manera más completa, aunque sin considerar todavía aspectos profundos o específicos de mercadeo, producción o finanzas.

Sin embargo, mi experiencia me indica que creamos y desarrollamos nuevos productos más a partir de comentarios generados por los clientes y consumidores; de la detección de oportunidades de capacidad de producción extras; de la necesidad de incrementar ventas o desde la simple observación en el mercado de productos exitosos, factibles de incorporar a la empresa, incluso mediante imitación.

Así, dependerá de la estrategia de la empresa aseverar que el desarrollo de sus productos funciona con base en sesiones de generación de ideas o en el aprovechamiento de oportunidades. Aunque es un continuo sumamente difícil de separar.

Continuando con el proceso, una vez tamizada la idea, se define y describe con mayor detalle, dando lugar a lo que se conoce como **Concepto de producto**, en el que se agrega las diferentes satisfacciones que el producto en ciernes será capaz de proporcionar, sus consumidores potenciales, las probables experiencias de compra y uso y un precio estimado.

Una vez definido, el concepto se evalúa mediante algún instrumento interno pre establecido, como puede ser el que se presenta, y que pondera sus cualidades, de menos a más, por los distintos departamentos de la empresa.

Concepto de Nuevo Producto Evaluación ponderada								
Unidad	-75	-50	-25	0	25	50	75	TOTAL
Mercadeo								
personal								
plaza								
precio								
promoción								
Competencia								
precio								
distribución								
posicionamiento								
promoción								
Ventas								
personal								
capacitación								
tiempo de venta								
Finanzas								
Inversión								
ROI								
Producción								
maquinaria								
materias primas								
personal								
capacitación								
Personal								
Gerencia General								
Otros								

En la casilla correspondiente se asienta el valor, desde contraproducente o negativo, -75, -50 o -25 hacia inocuo o indiferente, cero, e incluso hasta lo positivo, +25, +50, +75 que representa el potencial nuevo producto para cada uno de los equipos de trabajo señalados. Al finalizar, sumamos, y establecemos cuán viable es proceder a invertir más tiempo en profundizar los análisis al respecto, incluso en cada una de las áreas funcionales.

Como el gráfico indica, mercadeo no sólo debe aportar desde lo interno de la empresa sino prioritariamente desde el mercado, principalmente desde su conocimiento de la competencia, por lo que más allá de cualificar sus propias fortalezas y debilidades en relación con el nuevo producto, deberá señalar fortalezas y debilidades de dicha competencia.

Este simple ejemplo de evaluación de nuevos productos es totalmente susceptible de modificarse, adaptarse y mejorarse de acuerdo con el caso particular de cada empresa y sus estrategias.

Como ejemplo de lo hasta acá vertido, consideremos el caso de una empresa dedicada a la confección de jeans cuya materia prima es lona o denim de 9.4 onzas que, como consecuencia de prever alguna capacidad ociosa en su línea de producción antes del verano, anticipa la necesidad de ocuparla desarrollando un nuevo producto.

Las ideas de producto que surgieron de una sesión de tormenta de ideas con clientes y vendedores, previo establecida la condicionante de ser una prenda apta para el calor del verano por el momento mismo de la capacidad ociosa, resultaron en 40 alternativas.

¿Será conveniente hacer 40 prototipos y procesos de evaluación? Por supuesto que no. De tal suerte, luego de un primer tamiz, se seleccionan las siguientes propuestas: falda, top, chaleco, salida de playa, sombrero, gorra, sombrilla, cobertor, una mezcla entre camisa y chaleco, blusa tipo sostén y blusa cubre busto.

Dada la planta de producción de jeans, inmediatamente se anticipa que no se cuenta con la capacidad operativa necesaria para fabricar sombrillas, gorras y sombreros, por lo que se eliminan.

Luego, se evalúa el valor agregado que cada producto que continua en el proceso en cuestión puede representar para el cliente, y por ende su precio a alcanzar y utilidad a generar. De igual manera, se evalúa su afinidad y congruencia con los distribuidores intermediarios.

La salida de playa tanto como el cobertor también se desechan, no sólo por su escasa demanda, según se establece en el mercado, sino también por la simplicidad con que se fabrican, y por ende, su escaso valor agregado a los ojos del cliente. Por supuesto, vale la pena mencionar que un importante grupo de consumidores, de imagen y status, seguramente comprará una salida de playa o un cobertor que lleve impreso el nombre de marca o el logotipo de su fabricante, y con ello presumir, lejos de un producto, de una marca propiamente, por lo que acá desechamos tales ideas cual sucede cuando no se posee una marca poderosa.

Retomando, y dado que generalmente es la mujer quien más demanda productos, el enfoque es hacia un producto específico para ella. Así, finalmente puede describirse una aproximación del concepto de producto requerido.

Una prenda a ser usada durante el verano, al aire libre, que ofrece como beneficios primarios su novedad, tanto como la frescura en su uso, sin descuidar la imagen. Destinado a mujeres jóvenes. Con un precio equivalente al 60% - 70% del que representa un jeans.

Así, con estos nuevos parámetros, se selecciona la falda, blusa tipo sostén y blusa cubre busto.
Las 3 prendas cumplen con el concepto, sin embargo, analicemos su efecto en las ventas.

La falda entra en competencia directa contra los propios jeans, pues el cliente, en este caso mujer, podrá comprar una falda en sustitución del jeans, y siendo ésta de menor valor, la empresa venderá menos; por lo contrario, con las blusas, es factible incluso vender tanto el jeans como la blusa misma, ya

182

que son productos complementarios, y con ello duplicaría la venta, lo cual es objetivo perenne en toda empresa: vender más.

Además, en el caso de vender la falda, el uso de los jeans actuales del cliente será menor, con lo que prolongamos su tiempo de vida, lo cual redunda en una compra más lejana en el tiempo, y por ende, en menores ventas.

De tal suerte, se seleccionan las 2 blusas, las cuales, a pesar del ajuste de máquinas que implican, será fácil desarrollar como prototipos, incluso en varias tallas. Una vez desarrollados los mismos, se verifica su talle y tallas mediante pruebas en modelos femeninas y, una vez completas, se les coloca etiquetas genéricas, un envase, empaque y luego, mediante la fuerza de ventas, se llevan y presentan ante los clientes y distribuidores para evaluar su nivel de aceptación, preferentemente, ante aquellos que atienden mayormente clientes con el perfil.

Una vez han sido modeladas por varias personas y las han visto varios clientes potenciales, experimentados, de quienes hemos recogido sus opiniones y comentarios, y dependiendo de los mismos, sabremos tanto si las propuestas poseen algún potencial de venta como si hay necesidad de realizar o no correcciones y continuar luego con la evaluación o desecharlos por completo.

Una vez estos sondeos reflejan algún panorama satisfactorio, y no exista necesidad de corrección, se puede aventurar y hacer pruebas con un pequeño tiraje de producción para comprobar la respuesta real en un mercado de prueba, con pocos clientes, en un ámbito geográfico delimitado y con publicidad sólo en el POP, como podría serlo en una pequeña ciudad del interior del país e incluso en un una sola tienda. Como un producto más, una extensión de línea, se evaluará su potencial de venta, con lo que el envase y etiquetas a utilizar serán los genéricos de la marca.

Es necesario considerar también que en el desarrollo de nuevos productos generalmente surgen conflictos entre los intereses de cada departamento de la empresa. El departamento financiero velará por los retornos sobre la inversión a partir de los márgenes de utilidad y la rotación de inventarios. Producción lo hará por la simplicidad y permanencia de los procesos industriales tanto como de la estandarización de las materias primas. Mercadeo, por la relación armónica con la comunidad, beneficios mutuos y desarrollo social, entre otros.

La actividad, sin embargo, variará de empresa en empresa tanto como de producto en producto, pues de ser el caso de un producto completamente nuevo para la empresa, como podría serlo agregar calzado de cuero a la línea de jeans habitual, pues sí que se requerirá una mayor investigación dentro del mercado, dado el cambio drástico que representa, aunque seguramente los intermediarios para la distribución tanto como la fuerza de ventas, políticas al respecto y, principalmente, los clientes, serán los mismos que los de jeans.

En este último caso, agregar una línea de calzado, sabemos que la investigación concerniente se realizará antes de comprar maquinaria para la producción, por lo que los prototipos quedan lejos, salvo que se maquilen, por lo que se investigará entonces el máximo posible mediante conceptos de producto. Aunque en este caso será más conveniente como estrategia iniciar comprando calzado por mayor a proveedores cualificados y congruentes con nuestras aspiraciones a largo plazo, para empezar simplemente con una distribución, lo cual nos permitirá investigar el mercado y conocerlo en realidad, previo a realizar importantes inversiones en maquinaria y equipo y lanzar nuestra propia marca.

Por supuesto, en la medida que el nuevo producto también necesita nuevos canales, nuevos intermediarios, y por ende nuevos mercados, nuevos clientes, diferente ocasión, motivos y conducta de compra por parte del consumidor, es decir, totalmente otro ambiente de mercado, pues el asunto se complica bastante más para la empresa. Caso contrario a la cafetería que quiere lanzar un nuevo pastel entre sus clientes, pues lejos de necesitar pruebas de concepto, podrá probar productos directamente, incluso entre sus mismos clientes habituales y con la rapidez y confianza que ello implica.

Entonces, una vez realizadas las pruebas de producto y de mercado, y con alguna certeza del éxito de nuestro nuevo producto, procedemos a dotarle de los atributos extrínsecos necesarios, tales como personalidad o imagen publicitaria, un nombre de producto y demás que resultan esenciales para identificarlo totalmente.

En cuanto a las **etiquetas**, las hay de marca, de instrucciones, de talla, de contenidos, de origen e incluso de advertencias en el consumo, tal el caso de los cigarrillos y licores. Su propósito es informar al consumidor acerca del producto, en el producto mismo o en su envase, a la vez que diferenciarlo en góndola de las otras marcas. O no, de ser el caso que se haya adoptado una estrategia de imitación a la marca líder.

Cuando es el caso de una extensión de línea, el empaque, el envase y la etiqueta también serán una simple extensión, pues la familia de productos debe mantener la uniformidad necesaria entre sus miembros. Pero cuando es un producto totalmente nuevo, el desarrollo de su empaque obedecerá, como hemos visto, tanto a la capacidad que manifieste para contener el producto como a la labor de distribución física, y sus envases y etiquetas, a llevar hasta el último eslabón el mensaje central en el producto mismo, a través de las imágenes y textos impresas o adheridas en dicho envase. De tal suerte, estos últimos se desarrollan también en concordancia con los gustos y preferencias del consumidor, así como de la oferta de la competencia.

Adicionalmente, dada la importancia de fortalecer los nexos con el consumidor mediante la satisfacción total de sus necesidades, pero también a sabiendas de los sentimientos de inseguridad e incertidumbre que surgen en él una vez ha realizado alguna compra por primera vez, el estratega diseñará un plan de apoyo o servicio que apoye al producto luego de su compra. Un servicio post venta que elimine o reduzca la disonancia cognitiva del comprador.

Servicio post venta

El consumidor, luego de efectuar una compra, evalúa su decisión básicamente desde dos perspectivas. La primera, sobre el producto en sí y los beneficios que del mismo espera como consecuencia del mensaje publicitario que ha recibido y las promesas del vendedor, y la segunda, con relación a los productos que dejó de comprar por comprar precisamente el que ha elegido.

Así las cosas, es responsabilidad del estratega cuidar que su **mensaje publicitario no engañe al consumidor** sobredimensionando las capacidades de satisfacción de sus productos, pues generará expectativas que luego deben ser capaces de cumplir, ya que de lo contrario defraudará al cliente y romperá toda posibilidad de crear una relación armónica a largo plazo con él. (*Lo he vivido personalmente con la primera edición de éste, varios años atrás, cuando por descuido de mi parte, autoricé la publicación de un contenido erróneo*). Incluso, a pesar que el producto sea bueno, si la publicidad dice que es superbueno, estará generando expectativas falsas, imposibles de cumplir.

Esta relación entre mensaje publicitario, expectativa creada y satisfacción del consumidor es imperante mantener bajo estricta observancia durante la comunicación comercial, máxime por la honestidad que debe prevalecer en la construcción de relaciones armónicas con la comunidad.

Luego, la **incertidumbre y duda** que obliga al consumidor a realizar un proceso de comparación entre lo que compró y lo que pudo haber comprado. ¿Habrá sido la mejor elección? Esta incertidumbre se presenta principalmente entre artículos de larga duración y de mediano a alto precio, como lo puede ser una lavadora, el automóvil o bien un molino para hacer nixtamal.

Uops, ¿un molino para hacer nixtamal? ¿Masa de maíz para hacer tortillas? Claro que sí. Recordemos que todos somos clientes. Personas con quienes construir relaciones armónicas a largo plazo. De manera que los campesinos de escasos recursos, quienes en busca de la economía en su hogar y el aprovechamiento del tiempo disponible hacen sus propias tortillas, también son clientes y consumidores importantes, como lo es todo otro que mediante su intercambio contribuya al desarrollo de la sociedad. Así, para ese segmento de mercado, la compra de un molino para hacer nixtamal o un machete tanto como un par de botas de hule para la faena en el campo, a pesar de un aparente bajo precio en dichos productos para muchas personas, para el campesino representa una compra de artículos de alto valor. De tal suerte, realizarán un proceso de comparación en un esfuerzo por elegir el mejor producto, la mejor calidad y la más larga durabilidad, con el perenne y siempre válido propósito de obtener más por su dinero.

Dilucidado el punto, retomamos.

La incertidumbre en el consumidor al momento de su elección final por determinado producto generalmente existe, y es responsabilidad del estratega asegurarse de convencer al cliente de que ha tomado la mejor decisión al comprar su producto. Y el único recurso con que cuenta para ello, una vez realizada la compra, es el producto mismo y su envase y empaque. De tal suerte, dicho producto, amén de una calidad intrínseca acorde a su precio o valor de mercado y su publicidad, debe cumplir con otras características adicionales tales como instrucciones de uso, en las que mediante textos apropiados se refuercen o apalanquen sus atributos y beneficios, contribuyendo con ello a reducir esa ansiedad o incertidumbre sobre la compra. Es necesario reafirmarle al cliente que lo ha hecho bien.

"Una a una, nuestras prendas de vestir son confeccionadas con telas provenientes de fibras vegetales de la más alta calidad, extraídas de plantaciones renovables dedicadas exclusivamente a la industria textil, para su absoluta comodidad durante el uso".

Desde las simples instrucciones de lavado para las prendas de vestir, las fechas de caducidad de ciertos alimentos, los mensajes de alerta con las bolsas de plástico hasta las exigentes precauciones que el consumidor debe tener al manejar herramientas eléctricas de alto poder, se empieza a formar un servicio que debe acompañar al producto hasta la alacena o bodega del cliente, e incluso hasta el momento mismo de su uso.

De hecho, un consejo generalizado para jóvenes en vísperas de casamiento al momento de iniciar a equipar el hogar es que llamen por teléfono al centro de servicio del almacén donde piensan comprar sus electrodomésticos, haciéndose pasar por clientes reales, con el propósito de conocer, antes de comprar, acerca de la calidad del servicio de reparaciones de la empresa. Muchas sorpresas surgen en ese momento.

Recordemos, siempre hay una primera vez. Una licuadora siempre puede ser utilizada por alguna persona una primera vez. Máxime con el constante desarrollo de nuevos modelos y tecnologías, un consumidor habituado a cierta licuadora podrá verse en dificultades para operar una nueva. Moderna. Tal cual a las personas de edad avanzada se les dificulta el uso de cierto dispositivo electrónico y que el niño en apenas minutos programa y prepara.

De tal suerte, la empresa debe prever y anticipar todas esas probables incidencias de su producto, tanto durante su exhibición como durante su venta, traslado y finalmente, uso, no sólo con el propósito de servir más y mejor a su cliente y fomentar la relación armónica sino también evitarse en la medida de lo posible los reclamos, devoluciones e incluso probables demandas. De hecho, la legislación en los Estados Unidos obliga a los fabricantes a indicar que las bolsas en que se envuelven ciertos productos no son juguete para niño, con el propósito de evitar muertes por asfixia ocasionadas al taparse la cara o la cabeza con las mismas.

Así, adecuados instructivos de uso, operación, cuidado y mantenimiento resultan indispensables, pero también centros de servicio con repuestos, técnicos especializados, personal que sirve para servir y demás apoyo, resulta necesario preverlos y consolidarlos en paralelo al desarrollo del producto en el mercado.

Por supuesto, este apoyo al consumidor debe ir acompañado de la total disponibilidad de la empresa para responder atenta y eficientemente a los requerimientos del cliente, incluso de la devolución del dinero de la compra. Extremo que lejos de generar mayor conflicto con el cliente y perderlo definitivamente, debemos aprovechar para transmitirle la certeza de que comprando con nosotros tiene absoluta garantía, siempre.

De igual manera, debemos establecer programas de servicio específicos para aquellos productos perecederos que, de no venderse en su momento, exigen ser retirados de góndola para su reciclaje o un ulterior reproceso. Por supuesto, artículos de exclusividad, de la alta gama, precisan de un soporte excepcional en cuanto a servicio postventa, acorde a lo que el cliente paga por ellos.

Una vez establecido mediante la investigación de mercado y de consumidor un potencial de ventas redituable financieramente y redactado un plan de negocio para el producto en cuestión estamos en disposición de dar el siguiente paso. Comercializar el producto. Lanzarlo al mercado.

Comercialización:

La comercialización responde básicamente a las interrogantes de **cuándo** lanzar el producto, en **dónde**, a **quiénes y cómo** hacerlo, tanto como la fase de acompañamiento y control necesarios, máxime durante el inicio.

El **cuándo** será idealmente durante las ventanas o lapsos de mayor estacionalidad en la demanda para la categoría de producto, tal cual resulta la navidad principalmente para juguetes; las fiestas de verano, para calzonetas y similares; el invierno, para sombrillas, capas y paraguas; el inicio del año escolar, para útiles escolares, entre otros.

Por supuesto, existen productos que no poseen una marcada estacionalidad en su demanda que derive en ventanas o lapsos comerciales propicios o más favorables, sin embargo, debe tomarse en cuenta las fluctuaciones de cada mercado en particular para aprovechar al máximo ese mejor momento. Entre ellas, las que le permiten al consumidor mayor disponibilidad de dinero para gastar en otros productos, como en esencia **no** lo es el inicio de la época escolar, pues los recursos prácticamente están comprometidos en ese rubro. O durante navidad promocionar la venta de servicios funerarios. No es oportuno.

Respecto a **dónde** hacerlo, lo más conveniente será iniciar en los mismos mercados donde se llevaron a cabo las pruebas de producto y de mercado, y paulatinamente extenderse hacia los mercados geográficos adyacentes, hasta cubrir la totalidad del territorio establecido en la estrategia o plan de mercadeo del producto en cuestión.

A **quiénes** dirigirlo, serán aquellos a quienes los intermediarios investigados atienden. Sin embargo, en caso de tener identificados más de un segmento de mercado, debe iniciarse por aquel que más rápido contribuirá en dar a conocer el producto, principalmente analizando su poder o capacidad de influencia sobre los otros segmentos.

En cuanto al **cómo** dependerá totalmente del a quiénes, pues en caso haber decidido lanzar una presentación en el mercado de consumo y otra en el mercado organizacional, deberemos establecer estrategias de mercadeo para cada uno de dichos mercados. Dos cómo. Incluso, si se tratara de dos segmentos distintos dentro del mercado de consumo, también desarrollaremos 2 cómos. Uno para cada segmento.

¿Es factible entonces hacer lanzamientos de un mismo producto en dos mercados distintos simultáneamente? Por supuesto que sí. Por ejemplo, útiles escolares. Estos tienen cuando menos 2 mercados importantes. El alumno que los utilizara, es decir, el consumidor final, pero también los establecimientos educativos que podrán sugerirlos o incluirlos totalmente en su lista de útiles escolares. Con lo que la empresa fabricante diseñará una estrategia destinada a los padres de familia y otra para los establecimientos educativos. Dos cómos.

De acuerdo con lo expuesto previo durante el desarrollo del ciclo de vida del producto, durante la introducción del producto en el mercado debemos acompañarlo y vigilarlo constantemente, tanto en sus ventas como en sus no ventas.

Sí. Si bien es cierto es sumamente agradable saber que nuestro producto se está vendiendo, y bien, también lo es saber qué del mismo le atrae más al cliente. ¿Por qué lo está aceptando? Aunque de ser lo contrario, que no se esté vendiendo, también necesitamos saber por qué. De tal suerte, debemos observar y controlar el comportamiento diario de las ventas, o cuando menos semanal, en todo sentido, pues no sino hasta este momento es que el producto en realidad cobra vida. O no. Es un recién nacido, y por tanto, exige suma atención de nuestra parte para evitar cualquier descalabro en esos sus primeros pasos.

Es imperante permanecer atentos a la respuesta del consumidor en el POP con nuestra oferta de producto-satisfactor. De ser factible, contar con personal de nuestra empresa tanto como con el apoyo del personal propio del POP, con el principal propósito no sólo de empujar y ofrecer nuestro producto sino de obtener información constante, particularmente acerca de las actitudes mostradas por el cliente ante el producto. Incluso, contar con sistemas de monitoreo a través de cámaras que registren el comportamiento del cliente potencial ante la exposición de nuestro producto.

Esos primeros días, semanas o meses, dependiendo de la tasa de compra promedio de la categoría de producto tanto como de la demanda estimada, son de constante vigilancia y retroalimentación, pues tal control resulta esencial para algún factible ajuste y ulterior acomodo de nuestro producto-satisfactor en el mercado.

Estaremos atentos a la reacción del grupo objetivo ante nuestra comunicación publicitaria, a la incidencia del material POP, al efecto de nuestro envase y etiquetas, a la sensibilidad al precio así como al resto de variables que sabemos inciden en la conducta de compra del consumidor, incluso a los intermediarios y sus instalaciones y servicios. Muchísima de la decisión de compra se toma en ese último metro. El POP.

De tal suerte, el lanzamiento del producto debe ir acompañado, aunque previo, de intensa capacitación, motivación y establecimiento de relaciones armónicas con el personal involucrado en su venta, máxime el del POP, quien en última instancia será el que impulse, o no, nuestro producto en ese último metro.

Bien, a pesar de la inmensidad del tema, se han expuesto los lineamientos básicos para comprender la importancia del producto como variable a controlar dentro de la mezcla de mercadotecnia. A continuación revisamos un tema de trascendencia no menos importante: el precio.

Precio

En principio, vemos que resultaría de verdad osado, cuando no una evidente carencia de sentido común, intentar vender una Coca Cola en $ 100.00 cuando otras bebidas carbonatadas cuestan $ 1.00, la libra de tomate $ 0.70 y el litro de leche $ 1.20, en la misma situación y condición de mercado. Sin embargo, si otras bebidas carbonatadas llegan a precios de $ 99.00, el litro de leche a $ 120.00 y la libra de tomate a $ 70.00, por supuesto que una lata de Coca Cola puede alcanzar los $ 100.00.

Anticipamos entonces que el precio es una variable sumamente sensible en el tema de la mezcla de mercadotecnia. Por lo tanto, reitero, es preciso establecer uno lo más correcto y preciso posible desde el inicio de la gestión.

Un precio correcto y preciso sólo es factible lograrlo en armonía con las condiciones económicas del mercado, principalmente su demanda hacia el producto. Pero también nuestros costos, incluyendo el de los valores que agregamos al producto, y por supuesto, nuestro plan de negocio, tanto en cuanto a nuestra estrategia de comunicación, según veremos en la fijación cualitativa de precios, como en cuanto a nuestra estrategia de precios propiamente.

Ubicado entonces en la dimensión que le corresponde, **precio** es la expresión cuantitativa del valor que posee o se le atribuye a un producto-satisfactor, o lo que es lo mismo, todo satisfactor debe tener un significado monetario que indique su valor en relación con otros.

¿Cómo entonces establecer un precio? Como se ha indicado, el precio obedece básicamente a tres grandes dimensiones:

- **Las condiciones económicas del mercado.**

Tanto el nivel de precios de la categoría de producto en el mercado, como de los sueldos y salarios, que también son precios, son base indiscutible al momento de fijar un precio, tal como se ha indicado con el ejemplo de Coca Cola, párrafos atrás. Pero también inciden la oferta y la demanda del producto en cuestión. Así, un producto abundante, con amplia disponibilidad y muchos vendedores en el mercado: con bastante oferta, tenderá a tener un precio más bajo, en comparación con otro producto cuya disponibilidad u oferta en el mercado sea más baja o limitada. Por supuesto, costos de producción tanto como de distribución física, principalmente transporte, al igual que los costos de intermediación, representados en los márgenes de utilidad sobre venta que los intermediarios cobran por sus servicios, tienen suma importancia para la gestión de precios, tanta que de no lograr los adecuados desde un principio, quizá el producto no pueda ingresar al mercado.

- **Los valores agregados del producto**

También tendrá incidencia en el precio de nuestro producto los valores que le agreguemos, pues cada uno de ellos sumará, tanto en costos como en un producto con mayor valor. Adicionalmente, agregar valores a nuestros productos los hace diferentes dentro del mercado, con alguna tendencia hacia ser únicos, o quizá totalmente únicos, lo que a su vez incide en la oferta y la demanda señaladas párrafo arriba.

- **El plan de negocio.** Adicionalmente, todo precio debe ceñirse al plan general de la empresa, principalmente en lo concerniente a las estrategias de comunicación y de precio propiamente.

o **La estrategia de comunicación.** Está deberá comunicar al mercado el valor que se ha establecido tendrá el producto, con el propósito de que su precio resulte siendo acorde, de acuerdo a sus valores agregados, diferenciación y capacidad de satisfacción, tanto como la oferta y la demanda.

o **La estrategia de gestión financiera: precios.** Toda empresa define de antemano los niveles de precio con que operará dentro del mercado tanto como sus márgenes de utilidad. Así, hay empresas cuya estrategia indica precios altos, otras medios y otras, no pocas, bajos. Todo nuevo precio entonces debe ceñirse a esta estrategia de precios, para mantener la sinergia que el proceso exige.

Una vez revisamos estas dimensiones a considerar en el momento de fijar precios, nos volcamos al mercado, desde donde deben surgir dichos precios, siempre y cuando estén dentro de los parámetros que estas dimensiones indican.

No porque el consumidor indique un precio sumamente bajo la empresa lo aceptará como tal, máxime si el análisis de oferta y demanda, los valores agregados del producto y las estrategias de precios y comunicación indican lo contrario. O con que sólo la estrategia de precios lo indique, será suficiente para no ofertar el producto en el mercado o no aceptar el precio.

De tal, establecer un precio inicial es un proceso que se sitúa entre la cantidad que el consumidor está dispuesto a pagar y lo que la compañía está dispuesta a recibir.

Por supuesto, la estrategia no puede obviar los precios de oportunidad, es decir, aquellos que pueden servirnos incluso para asegurar la supervivencia de la compañía ante embates desde la competencia o del mercado mismo. O cuando pretendemos ampliar nuestra participación de mercado, o disminuirla, con lo que entonces elevamos dichos precios.

Sin embargo, para la fijación de precios se debe tomar también en cuenta los márgenes de utilidad que los intermediarios absorben en el proceso de distribución.

Sí, de ser el caso la venta de cierto producto cuyo precio el consumidor final ha aceptado en $ 20.00 la unidad, debe preverse que el intermediario quizá pretenda cobrar el 50% de margen de utilidad sobre venta por sus servicios, con lo que el precio a vender como fabricante se verá reducido a $ 10.00

¿Ilógico? No. Así funciona el mercado. Por supuesto, quizá otro intermediario esté dispuesto a cobrar solo el 30%, y otro más, tan sólo el 20%, pero habrá que analizar los valores agregados que proporcionarán a nuestro producto.

Sin embargo, el ejemplo debe servirnos también para considerar la conveniencia de aventurarnos en una integración empresarial hacia adelante que nos permita vender directamente dichos productos al consumidor final. Sí, abrir nuestros propios puntos de venta, con lo que no sólo obviaremos al intermediario y tendremos mayor control sobre la operación comercial sino también, como generadores del valor agregado de la intermediación, obtendremos ese margen de 50% que estaríamos dejando de obtener al recurrir a intermediarios.

Por supuesto, integrarnos hacia adelante implica el desarrollo e implantación del concepto de negocio al detalle. ¿Será factible? La primera interrogante es: ¿Cuántos POP son necesarios?

Retomando el tema de precios, y para comprender mejor su método de fijación tanto como las cadenas de valor a través de los canales recurro al siguiente ejemplo.

Siendo que alguna hipotética investigación de mercado indicó que el consumidor está dispuesto a pagar $ 100.00 por la unidad de producto y los intermediarios absorben durante el proceso de distribución: 35% el detallista y 15% el mayorista, en forma de margen de utilidad sobre el precio de venta, entonces el precio de venta original o primario deberá determinarse a partir de tales márgenes, así: $ 100.00 menos el 35% del detallista, lo cual resulta en $ 65.00, y luego, a estos $ 65.00 les reducimos el margen de utilidad que cobra el mayorista, 15% de esos $ 65.00, obtenemos $ 9.75, lo cual al restarlo a los $ 65.00 nos conduce al precio de venta original, primario o de productor o fabricante, que en este caso es de $ 55.25.

Este precio entonces, $ 55.25, es el que debe brindar al fabricante los anhelados beneficios financieros propuestos, pues es el precio real al que venderá. No el otro, de $ 100.00, a que compra el consumidor, pero que es al que el detallista le vende.

Con el propósito de ampliar, luego del cuadro de Fijación Cualitativa de precios, que nos indica cómo la generación de valor es indispensable para la determinación de precios desde el consumidor final, se presenta otro caso hipotético de cadena de precios con intermediarios.

Fijación Cualitativa de Precios

Empresa produce productos-satisfactores
con valores agregados y beneficios,
al igual que mensajes publicitarios
que crean imagen y personalidad a
la marca y el producto.
Los envía al mercado.

El mercado recibe la información,
los productos-satisfactores, sus valores
agregados y beneficios, tanto como los
mensajes publicitarios, y con base en ello
confiere un valor al producto-satisfactor

En este otro caso, el consumidor final está dispuesto a pagar $ 80.00 por un jeans estilo A. Asumiendo que el detallista absorbe un 45% de dicho precio de venta y el mayorista un 20% sobre el precio a que vende a detallista, el precio al que como primera empresa, fabricante o importador le vende al mayorista, el intermediario inmediato, y luego, desde ese mayorista al detallista, se obtiene nuevamente partiendo desde el precio de venta al consumidor, según vemos a continuación:

Precio de venta al consumidor		$ 80.00
45% util detallista/p venta cons	$ 36.00	
Precio de venta al detallista		$ 44.00
20% util mayorista/p vta a detallista	$ 8.80	
Precio de venta al mayorista		$ 35.20

El precio entonces al que la empresa fabricante de jeans vende cada unidad de producto es de $ 35.20 al mayorista. Este lo vende al detallista a $ 44.00 y éste a consumidor final lo vende en $ 80.00.

Por supuesto, en caso el fabricante atienda o surta directamente a detallistas, les venderá la unidad de producto en $ 44.00, y de ser el caso que tenga sus propios puntos de venta, sea administrando una tienda o toda una cadena de tiendas propias, entonces venderá los jeans al consumidor final en $ 80.00.

Como vemos, el precio se eleva con creces desde la fábrica hasta el consumidor final, lo cual indica que gran parte de la estructura de dicho precio al consumidor final lo constituye el costo de la intermediación, principalmente, los márgenes sobre precio de venta que cobran los intermediarios por su trabajo de distribución.

Pensemos en el agua potable y la enorme diferencia en precios que existe entre beberla directamente del sistema público versus embotellada.

En términos generales, a mayor rotación de los inventarios de los productos, menor será el margen de utilidad que los intermediarios cobrarán u obtendrán por la distribución de los mismos. Así, azúcar, cemento y otros cuyo volumen de venta es importante, representarán menor margen que productos de comparación.

De tal suerte, para establecer precios de venta al consumidor final no sólo recurrimos a él como tal sino también a las dimensiones citadas párrafos atrás, tanto como a nuestros potenciales intermediarios para determinar el porcentaje de utilidad sobre ventas que acostumbran cobrar o ganar para la categoría de producto en particular. A sabiendas que puede existir un ajuste de fuerzas con ellos para determinar un margen ulterior satisfactorio para ambos.

¿Por qué es más alto el margen de utilidad del detallista en relación con el del mayorista? El detallista vende por unidad, con lo que dependiendo de la categoría de producto, 100 unidades del mismo quizá le tome un mes venderlas, asumiendo él el costo de tal inventario, amén que necesita realizar un trabajo adicional respecto a ventas: desde la clasificación en unidades adecuadas y su exhibición para la venta al detalle, hasta probablemente la entrega a domicilio, aceptar cheques y tarjetas de crédito, empacar para regalo y tantas otras que representan más valor agregado del que aporta el mayorista, pues éste se limita a comprar por mayor, por ejemplo, un contenedor con bebidas gaseosas, y luego lo vende intensivamente en cajas de 24 unidades a las tiendas de barrio, quienes finalmente realizan la venta al detalle señalada, debiendo contar con un refrigerador y pagar la energía eléctrica por el mismo, para señalar simples valores que aporta.

El precio puede servirnos también para segmentar nuestro mercado. Para decidir el tipo de clientes que queremos atender, y los que no queremos atender. Así, un precio elevado margina de entrada a todo aquel que no tenga la capacidad financiera para pagarlo. Pero también, un precio bajo margina a quienes buscan status y prestigio. Y en conjunto con otras variables, como lo puede ser la simple música ambiental, contribuirá doblemente a captar con precisión el segmento de mercado que previo hemos decidido atender.

En cuanto a decisiones de incremento o reducción de precio, estos generalmente se ajustan anualmente a la inflación acumulada, incluso no pocas veces dolarizando los costos con techos de margen de protección ampliamente superiores cuando la moneda local presenta incertidumbre o suma variabilidad en su tipo de cambio contra la moneda estadounidense.

A pesar que el ideal es nunca reducir precios, dicha práctica es forzosamente necesaria no pocas veces, máxime cuando las ventas presentan un drástico descenso que obliga, sin embargo, tales reducciones es conveniente presentarlas como promociones de ventas, dado el daño a imagen que se la causará a la empresa y a la marca al reducir el precio a un producto sin justificación alguna. Justificación que precisamente debe estar presente también cuando se incrementan los mismos, como se ha señalado, debido a la inflación interanual y la variabilidad del dólar, o a los problemas en Oriente Medio, la escasez de materias primas, la temporada y un sinfín de motivos en los cuales toda modificación de precio debe ampararse.

Así, antes de anunciar alguna reducción de precios, se debe recurrir a la promoción de ventas, sea ofreciendo el quinto o el tercero gratis, un obsequio en las compras, una oferta acompañada u otra más de la inimaginable cantidad de formas que se pueden concebir para realizar promociones de ventas de los productos.

Además, nunca una reducción de precios por sí sola generará la demanda anhelada. Se precisa de la promoción de ventas, máxime por el impacto emocional que produce en el consumidor y, por ende, en su motivación de compra. Amén que su costo siempre será menor que la simple reducción de precio.

Como se percibe, el tema de reducción de precios no es sencillo, de tal suerte, insisto en la importancia de establecer un precio correcto, acorde, desde el momento mismo de la introducción del producto en el mercado.

Sin embargo, existen otras estrategias de fijación de precios, tal como hacerlo iniciando con un precio alto y a medida que se alcanzan ventas reducirlo, o por lo contrario, ingresar al mercado con un precio bajo e incrementarlo conforme su desplazamiento.

De cualquier manera, el precio es la expresión del valor que el mercado proporciona a los productos, con base, la mayoría de veces, en lo que nuestra estrategia de comunicación ha dicho o dice, con lo que prevemos que variando esta, podremos variar la otra. En estricto apego a lo que al respecto dicta esa otra variable única, responsable de hacer realidad en la mente del cliente lo que en el papel nos hemos propuesto: la promoción. Quinta y última variable controlable de nuestro modelo de mezcla de mercadotecnia y que a continuación revisamos.

Promoción
Recordando nuestra propuesta de definición de mercadotecnia, esta P, la promoción, es la principal responsable

por establecer esa relación armónica con la comunidad. Por supuesto, en coordinación y congruencia absoluta y con el apoyo del personal, el producto y el precio, dentro de la plaza en que operamos, pero sin duda, la punta de lanza, el conector, es esta: la promoción.

La promoción es la parte más visible y conocida del mercadeo, pues es en esencia: comunicación. Rótulos, anuncios en televisión y radio, redes sociales, vallas panorámicas, volantes, vitrinas decoradas, aviones con grandes rótulos, personajes vestidos de manera peculiar, disfraces, música y todo ese sinfín de actividades que aplauden y vitorean a determinados productos y empresas, forman parte de esta comunicación. De la promoción.

Gran parte del logro, o no, tanto de la relación armónica como del posicionamiento de nuestro producto-marca-satisfactor en la mente del consumidor, y por ende, de nuestras ventas, será consecuencia de nuestra habilidad para comunicarnos y relacionarnos con el mercado y la sociedad. De tal suerte, resulta indispensable partir de una plena comprensión del proceso de la comunicación, por lo que a continuación presento algunas anotaciones sobre el mismo.

El proceso de la comunicación
La comunicación es viva, dinámica y, principalmente, de doble vía o sentido. No hay comunicación cuando decimos: ¡hola! y nadie nos responde ni nos voltea a ver. Cuando no obtenemos respuesta. Sin embargo, en caso percibamos algún parpadeo de sorpresa, aunque sutil y mudo, o recibamos toda una bofetada, hay comunicación. Una pobre y otra negativa, seguramente ninguna deseada como respuesta, pero ambas cierran el círculo necesario que el emisor original necesita para comprobar que hubo comunicación.

Entonces, si comunicación implica forzosamente obtener una respuesta, inferimos que nos comunicamos para ser correspondidos, sin embargo, sólo podemos obtener dicha respuesta cuando logramos despertar en el receptor algún motivo latente. De tal suerte, también necesitamos afectar al receptor y captar su atención antes de enviar nuestro mensaje. Como se ha ejemplificado, con el simple propósito de buscar que ese alguien, un receptor intencional claramente identificado previo, voltee a vernos. Sí, esta es la razón principal por la que muchas veces elevamos el tono de voz, tosemos en la cafetería o nos ponemos guapos los hombres y atractivas las mujeres. Buscar que él o ella nos miren. Afectar a otros u otras, en el sentido de llamar su atención.

En esencia pues, nos comunicamos para incidir en el mundo. En el mundo al que lanzamos nuestro mensaje.

Si bien es cierto hasta el más simple modelo de comunicación requiere cuando menos de un emisor, un mensaje, un canal y un receptor, también lo es que resulta de singular importancia saber que dicha comunicación debe tener **un propósito**. Una razón.

Aunque con el paso del tiempo y la costumbre, como personas comunes llegamos a comunicarnos sin detenernos a pensar a cada instante en ese propósito, pues de alguna manera hemos aprendido de antemano su esencia y lo hacemos de manera automática, para nuestra comunicación empresarial y profesional sí que debemos tener en mente constantemente el propósito, es decir: **obtener la respuesta deseada**. Así, previo a redactar, dibujar o construir cualquier mensaje comercial, debemos estar conscientes de que dicho obedecerá en todo momento al propósito. Es decir, a la respuesta que queremos obtener de parte de los receptores intencionales y no intencionales, quienes recibirán nuestro mensaje.

El resultado de toda estrategia de comunicación depende de la habilidad que el estratega tenga para definir con precisión la respuesta que necesita del mercado como consecuencia del mensaje que le transmitirá. Es primordial concebirla previo con absoluta claridad.

Sin embargo, necesitamos también saber **cómo** obtener dicha respuesta. Es decir, cómo elaborar y estructurar un mensaje que sea capaz tanto de llegar al receptor intencional como de ser perfectamente comprendido por él, para evitar que dé lugar a respuestas equivocadas. Así, utilizar el mismísimo idioma, o más aún, el mismo dialecto, palabras, significados, imágenes y demás, adecuadas, es esencial. De hecho, es importante asentar que el mensaje publicitario debe ceñirse al significado que las personas receptoras poseen de las palabras, y no simplemente al que el diccionario dicta.

De igual manera, resulta de vital importancia también seleccionar cuidadosamente **los medios de comunicación** por los que trasladaremos nuestro mensaje al receptor; sin embargo, para lograr esto resulta imprescindible también saber y conocer de antemano **quiénes y cómo son esas personas** de las que requerimos dicha respuesta, y en dónde están ubicadas.

Y es que el grupo objetivo de nuestra comunicación puede no ser específicamente el mismo consumidor como tampoco el mismo cliente sino otro más que influye en la decisión de compra, como en el caso del estudio universitario pueden serlo las mamás, y por ende construyamos nuestro proceso de comunicación dirigido específicamente a ellas, a sabiendas que influirán tanto en el cliente, su esposo, que es quien paga, como en el consumidor directo, su hijo.

Así, resulta necesario conocer e identificar con precisión a ese **receptor intencional** de nuestro mensaje, pero también el idioma con el que él se comunica, su nivel de comprensión del mismo, si lo hace de manera escrita u oral, a través de la radio, los diarios, la televisión o el internet. Su nivel cultural y capacidad de comprensión del mundo, así como tantas variables más que nos permitan estructurar con el lenguaje y los términos adecuados un mensaje certero. Adecuado al receptor tanto como al medio por el cual lo transmitiremos, para que sea enviado, recibido y comprendido por completo, pero también respondido. Aunque no precisamente por el mismo medio.

Adicionalmente, debemos tomar en cuenta que en toda comunicación masiva existen, además de esos receptores intencionales que perseguimos, los **receptores no intencionales**. Aquellos quienes a pesar de no ser de nuestro interés tácito como audiencia o como grupo objetivo, también recibirán el mensaje por el simple hecho de formar parte de la misma sociedad. De tal suerte, si bien nuestro mensaje tendrá determinado propósito de afectar a los receptores intencionales, debemos cuidar que no tenga ningún efecto negativo en los receptores no intencionales. Recordemos, ambos receptores son personas de la comunidad, y por tanto susceptibles de contribuir a mejorar, o impedir, e incluso destruir, la ansiada relación armónica.

Las vallas panorámicas son un excelente ejemplo de la impersonalidad de la comunicación masiva, pues se exhiben a todo mundo, incluso sin restricción de horarios, por lo que es imposible evitar a receptores no intencionales para las mismas. De tal suerte, el mensaje en estas debe evitar cualquier ambigüedad.

Sólo logrando entonces dicha comprensión y conocimiento acerca de quiénes, en dónde están y cómo son nuestros potenciales receptores intencionales o grupo objetivo, pero sin descuidar a los probables receptores no intencionales, podemos entonces finalmente saber el **cómo**. Sí, cómo estructurar un mensaje que conduzca hacia la comunicación plena con determinado grupo objetivo, logrando de él la respuesta deseada.

Sin embargo, serán necesarios también un encodificador y un decodificador del mensaje que faciliten la comprensión del mensaje. Un encodificador que ponga en un código común el mensaje para que el decodificador, al momento de recibirlo, lo comprenda. Aunque el mensaje mismo también debe tener un significado tal que al decodificarse se comprenda correctamente, y en consecuencia, afecte al receptor, de manera positiva, y le motive a responder de la forma planeada.

Es necesario reiterar que es imposible comunicar palabras, hechos o acciones sino simples significados. De tal suerte, si lo que decimos no significa algo para el receptor, o peor aún, significa algo contrario o diferente a lo que pretendemos, la comunicación podrá ser totalmente contraproducente. Ante lo cual es preferible que el receptor no comprenda el significado de nuestro mensaje.

Este asunto del mensaje se comprende mejor cuando recordamos que el significado de las palabras no está en el diccionario sino en las personas mismas. Así, tan simple como las palabras: carro, automóvil, diligencia y carreta, en países como España, Colombia y Guatemala poseen diferentes significados. Y por eso resulta tan importante la dimensión de conocer quién, en dónde está y cómo es y piensa nuestro receptor.

Adicionalmente, en todo mensaje pueden existir distractores que distorsionen e incluso desvíen el propósito de nuestra comunicación. Por ejemplo, un prop o elemento sumamente atractivo dentro de un mensaje publicitario por televisión puede acaparar la atención del receptor y causar que el mensaje central pase desapercibido por completo, con lo que el receptor recordará el prop pero no el mensaje central de la comunicación. Las chicas guapas en la publicidad contribuyen a desviar la atención del propósito de la comunicación en determinadas categorías de producto.

Dado que promoción es en esencia comunicación, dicha debe obedecer entonces en todo momento a la estrategia de comunicación, el mensaje central y los objetivos de posicionamiento y diferenciación establecidos al inicio en los planes, y que guían y delimitan todo el esfuerzo en este sentido, con el propósito de mantener la sinergia y congruencia necesaria con la estrategia central.

Apuntes al respecto
Se diseña o elabora un mensaje buscando e identificando la respuesta que se necesita obtener de parte del mercado. Sí, dado que el propósito de la comunicación es afectar, influir, lograr una respuesta, se debe, previo a cualquier paso hacia adelante, saber perfectamente cómo queremos afectar, y más

aún: identificar qué específicamente se quiere que el receptor de la comunicación haga o realice como consecuencia de recibir dicho mensaje.

¿Que acuda al POP? ¿Que llame por teléfono? ¿Que influencie en la compra de otros o simplemente que se entere de nuestra presencia, de nuestra oferta? Sí, las respuestas a este tipo de interrogantes se constituyen en el objetivo a alcanzar de todo proceso de comunicación.

De tal suerte, es imprescindible conocer al receptor intencional del mensaje: sus hábitos, sus motivos de compra, sus racionamientos y hasta sus excusas, y para esto ayuda mucho la sicología, principalmente a través de la investigación motivacional, pues por medio de esta se conocen las verdaderas razones por las cuales el consumidor o el cliente hace lo que hace para adquirir el producto, usarlo y consumirlo. De tal, recurrir a dicha técnica de investigación de la conducta humana previo a elaborar mensajes es de suma ayuda, e importancia.

Sin embargo, cabe señalar que hoy día las redes sociales, alimentadas por los mismos usuarios, consumidores potenciales, con sus datos personales reales, no sólo en formularios específicos sino también con sus aparentemente intrascendentes búsquedas de productos o temas a través de los diversos motores de búsqueda, se constituyen en una magnífica fuente de información a la vez que un magnífico grupo objetivo para las empresas anunciantes en el ámbito digital. Principalmente porque todo lo que hacemos en dicho ámbito es monitoreado y clasificado constantemente de acuerdo con nuestros temas de interés, lo cual redunda en una fácil identificación de nuestros gustos y preferencias. Tan simple como que en el motor de búsqueda escribamos la palabra: escopeta, para que a las pocas horas veamos más de un banner en nuestra pantalla anunciando alguna marca de las tales escopetas.

Así, independientemente del método de recolección de información, lo importante será tener en mente la estrategia de comunicación y su mensaje central para que a partir de ellos se diseñen los mensajes específicos para la publicidad, la decoración de los puntos de venta, la etiqueta, el uniforme de las señoritas que impulsarán su venta, las palabras mágicas que el personal de ventas utilizará y todo aquello que comunicará al mercado la empresa y el producto en cuestión.

Sí, el mensaje central no se definió para aplicarse únicamente a un anuncio o a toda la publicidad propiamente sino a todo aquello que de una u otra manera comunica al producto y la empresa con su mercado. Desde el envase y sus etiquetas, slogan, rótulos en los camiones repartidores, las facturas que extendemos al cliente y, por supuesto, la publicidad misma.

Por cierto, acerca de publicidad encontramos gran cantidad de libros, revistas, artículos y demás que exponen al respecto, por lo que a continuación revisaremos lo esencial.

Publicidad

¿Qué es la publicidad? En pocas palabras, una de las estrategias mediante las cuales comunicamos al mercado la existencia de nuestros productos o servicios y un porqué para adquirirlos. Sea una comunicación impersonal y masiva, como la que se logra a través de la televisión, la radio, la internet y las vallas panorámicas entre otras, o personal y directa a través de cartas publicitarias, correos electrónicos y similares, la publicidad es pues una de las estrategias de comunicación de la empresa con su mercado meta cuyo principal objetivo, "por ahora", es dar a conocer. Dar a conocer un producto, un precio, una promoción, la empresa, los logros sociales de la empresa, su relación armónica con la sociedad y mil objetivos adicionales distintos.

A pesar de ello, la publicidad no vende. Pero tampoco puede limitarse, como algunos pretenden, a dar a conocer un producto o servicio o marca, pues la inversión financiera que se requiere en medios de comunicación es bastante significativa como para aspirar a un objetivo tan pobre como lo es el simplemente darse a conocer. Por eso en el párrafo anterior se indica con claridad: "por ahora".

De tal suerte, la publicidad también debe transmitir los más importantes valores de la empresa y el producto, y contribuir tanto como las estrategias complementarias, al posicionamiento de la marca, la empresa y el producto mismo en la mente del consumidor, cuando menos. Guiarse por la estrategia de comunicación.

Y es que la publicidad, recordemos, da vida, da significado en la mente del consumidor a la empresa, a la marca y al producto. Da a conocer la imagen que planeamos. De tal manera, no es una actividad con objetivos sólo a corto plazo, como podría pensarse en la publicidad de lanzamiento o de promoción de ventas sino, como publicidad, como tal herramienta de comunicación, tiene un objetivo prioritario a largo plazo. Contribuir constantemente a la construcción de la imagen de marca, de empresa y de producto en el mercado.

De tal suerte, debe construir no sólo una actitud positiva o favorable con respecto al producto-satisfactor-marca sino todo un significado del mismo, tal cual el nombre de la persona que nos apasiona, y que al escucharlo, el corazón nos da un vuelco. Pero un vuelco positivo. La publicidad debe crear un nexo tan especial entre el producto y el consumidor que lo induzca a probarlo, conocerlo, degustarlo. A romper barreras, e incluso a amarlo. Hasta ahí debe, y puede llegar, el objetivo de la publicidad. Proponer un amor, figuradamente hablando.

¿Suena emocional? Lo es. Recordemos que estamos en el mercado de consumo, y además, todos, absolutamente todos los seres humanos tenemos un lado emocional. Descubrirlo, tocarlo y abrirlo es una faena total y absolutamente racional, pensante, por lo que a pesar de su dificultad extrema para lograrlo, es preciso perseverar en su búsqueda. Por supuesto, debemos razonar que la emoción en nuestro mensaje para jóvenes de 14 a 16 años de NSE superior será distinta a la que proporcionaremos en nuestro mensaje dirigido a adultos de 40 a 50 años del NSE medio, pues ambos grupos tendrán distintos motivos, actitudes y razonamientos, y de igual manera, capacidades para emocionarse.

¡Sí se puede! Lo has escuchado. Lo has leído. ¿Es un mensaje racional o emocional?

Así como mencionamos la necesidad de un **posicionamiento** en la mente del consumidor. Una manera como el mercado piense de la empresa y sus productos, así también existe la necesidad de lograr un **top of mind** significativo, el cual no es más que la posición ordinal del recuerdo que cierta marca ocupa en la mente del consumidor con relación a otras. No más allá de 3 o 5, pues de poco sirve saber exactamente que somos la novena o décima segunda marca en el TOM del consumidor.

De igual manera, debe prevalecer la calidad del mensaje versus la repetición. De tal suerte, si bien es cierto más pauta logrará posicionar y brindar top of mind, también lo es que un mensaje brillante lo logrará con menos pauta, menos repetición, y por ende, con mayor eficiencia.

La repetición cuesta mucho dinero, y además, se estará repitiendo un mensaje no idóneo, pues no logra objetivos sino a través de dicha repetición. De tal suerte, la eficiencia de la comunicación radica en la calidad del mensaje. Claro que la producción de un mensaje publicitario tiene cierto costo, pero en ningún momento éste justificará más pauta del mismo. Un buen mensaje transmitido una sola vez en diversidad de medios puede lograr muchísimo más que mil veces la transmisión de un mismo mal mensaje, en la misma diversidad de medios.

Así también, y dado que los productos se compran por sus valores agregados, por sus beneficios, entonces nuestros mensajes deben comunicarle al receptor el **razon why**. Por qué el consumidor preferirá nuestro producto por sobre otros. La dimensión medular del producto.

Por supuesto, en publicidad lo decimos con sutileza, con elegancia, pero con contundencia. Una mezcla difícil de lograr para quien no conoce al grupo objetivo ni las ricas sutilezas del idioma. Razón por la cual resulta necesario acudir a agencias de publicidad especializadas cuando no se posee el bagaje necesario al respecto.

Para finalizar este apartado, la publicidad corresponde a una estrategia de arrastre, ya que cuando la empresa comunica al consumidor final la existencia de un producto-satisfactor de su interés, él acude a comprarlo al POP, con lo que genera una demanda. Lo arrastra o jala a través de los canales.

Formas de hacer publicidad

Tampoco serían suficientes las páginas de este para enumerar las maneras de hacer publicidad, pues las mismas son tan diversas como la creatividad del ser humano las permite. 100 años atrás anunciarse en diarios era todo un hito. Se llegaba a miles de personas. Luego, con la radio, logró llegarse a un grupo objetivo más numeroso. La televisión, por excelencia, vino a ser el medio dominante, pues desde los últimos 50 o 40 años su capacidad supera con creces los millones de receptores. Hoy día, la internet y sus bases de datos, incluso con un perfil acerca de los gustos y preferencias de la mayoría de usuarios, hacen posible los novedosos códigos QR en los productos, los cuales, una vez los introducimos en nuestro lector digital, un smartphone, por ejemplo, nos brindan toda la información que necesitamos sobre un producto, convenientemente estructurada para nuestra toma de decisiones en el mismísimo punto de venta. ¿Será acaso la crónica de la muerte anunciada del vendedor en la sala de ventas?

En estos albores de siglo, día a día interactuamos en la red cerca de 2,400 millones de personas, y todos estamos expuestos a la publicidad, sea en forma de banner, de mensajes subliminales o de titulares engañosos que nos cautivan.

Dado que hay tantos comentarios y opiniones escritas sobre los modernos medios de comunicación, están tan en boga comúnmente y es tan poco lo que se le reconoce a los primigenios, y que aún hoy, luego de miles de años, continúan tan abundantes y vigentes, tal como los rótulos y las vallas panorámicas, las cuales vemos incluso en los dibujos animados, desde los Picapiedra hasta las de los supersónicos durante sus viajes interespaciales de casa a la oficina, les echaremos un vistazo.

Sí, el simple rótulo, precursor de la valla panorámica, que de no existir electricidad, como 120 años atrás, continuaría siendo el más importante, es el método más antiguo de publicidad indiferenciada, masiva; sin embargo, pocos le brindan la atención que merece, seguramente por su bajo costo, lo cual implica poco negocio, pero negar que nuestras motivaciones aún responden a su estímulo sería totalmente falaz e irresponsable.

De paseo por la calle, cuando intempestivamente vemos un rótulo de licuados de frutas o tazas de humeante café, de inmediato nos disponemos a su consumo. Buscamos, ubicamos, ingresamos y satisfacemos esa necesidad motivada por el simple rótulo. Por la simple imagen o textos exhibidos. Una inversión publicitaria mínima que sirve efectivamente al propósito.

¿Quién no identifica con facilidad un rótulo de Mc Donalds, Coca cola o Levis, entre otros?

Por supuesto, la incidencia del rótulo está estrechamente relacionada con la ubicación del POP. Así, estando ubicado éste en las inmediaciones de la más transitada calle de la ciudad, el rótulo tiene sentido. Y quizá no sea necesaria ninguna otra forma de publicidad. Pero si el POP está ubicado a las afueras de la ciudad, y necesita atraer clientes hacia él, el rótulo nunca será suficiente, pues sólo será visto por quienes transiten cerca. En este caso, medios masivos como la radio, principalmente, resultan de gran utilidad. Por supuesto, dependerá de los hábitos del grupo objetivo con respecto a tales medios de comunicación que decidamos radio, o nos inclinemos hacia televisión, prensa, internet o redes sociales, pero generalmente serán medios masivos. Salvo que se busque la exclusividad y la elegancia, con lo que se recurrirá quizá a revistas especializadas o algún otro muy sutilmente inserto o alguna publicación en diarios o revistas especializadas. Como siempre, será el grupo objetivo quien lo indique.

De igual manera, el rótulo al igual que la valla panorámica está directamente relacionado con la novedad, tanto como con la costumbre, en cuanto a la percepción del receptor. Así, una valla o algún rótulo que surge de la noche a la mañana en nuestro recorrido diario llamará nuestra atención, y seguramente al siguiente día e incluso toda la semana continuará siendo novedosa, pero a medida que pasa el tiempo, pierde su efecto, pues deja de llamar la atención y se convierte en un estímulo más, y por tanto inexistente, dejando de tener sentido. De tal suerte, debemos rotar o mutar con cierta periodicidad nuestros rótulos y vallas.

Además, debemos tomar en cuenta que el rótulo es al POP lo que la etiqueta y el envase al producto. Sí. Así como el simple rótulo aún despierta nuestras motivaciones, las etiquetas y los envases son el último grito que el fabricante puede dar para que el consumidor coja de entre el anaquel sus productos, y deje ahí los de la competencia.

De tal suerte, y aunque no se les considera como medios publicitarios importantes, tanto el envase como la etiqueta tienen la oportunidad de estar ubicados justo en el sitio donde se toman la mayoría de las decisiones de compra: frente al anaquel. Y eso es mejor a cualquier anuncio visto u oído en casa.

Así, nuestras etiquetas y envases deben cumplir con ese ulterior propósito. Incitar al consumidor a que tome y lleve el producto. Tanto como el rótulo del POP lo tiene a incitar al ingreso.

Si bien manifiesto mi apoyo a la sensatez y mesura también en cuanto a la inversión publicitaria, de ninguna manera tal implica no aprovechar el apalancamiento de los otros medios de comunicación tan desarrollados hoy día, como lo son las páginas web y las mismas redes sociales. Es más, una página web administrada con orientación mercadotécnica profesional será de muchísima ayuda y apoyo a la gestión. Que despliegue en el mínimo tiempo posible, 4 a 6 segundos quizá, y plasme la información de menos a más conforme el cliente desee y avance por ella, será un excelente principio. Sin embargo, lo más importante, independientemente del medio a utilizar, siempre será mantener absoluta congruencia entre lo que decimos en nuestra publicidad y lo que en realidad somos.

Bien, veamos ahora otra herramienta poco menos glamorosa, pero igualmente importante para apalancar el éxito de la gestión. La promoción de ventas. El complemento ideal de la publicidad, ya que en tanto esta jala el producto a través de los intermediarios, la promoción de ventas lo empuja a través de los mismos.

Promoción de ventas
La variable promoción de la mezcla de mercadotecnia incluye a su vez otra actividad de relación con el mercado llamada **promoción de ventas**, la cual comprende aquellas actividades que la empresa lleva a cabo durante muy corto tiempo: un mes, dos semanas, incluso un solo día, generalmente en el mismísimo punto de venta, con el propósito principal de incrementar las ventas en ese corto plazo, a través de empujar sus productos hacia el consumidor. Por ejemplo, las ofertas y liquidaciones de inventario.

Sin embargo, dentro de una perspectiva más profunda, la promoción de ventas debe también beneficiar a la empresa mediante el logro de objetivos adicionales con efecto a largo plazo, tal como la captación de nuevos clientes.

Entre las promociones de ventas cabe destacar la oferta acompañada, las docenas de 13, el 2 x 1 y un sinfín más que se realizan en el POP con el propósito señalado. Sin embargo, como se ha dejado ver, deben planearse y realizarse de forma tal que al terminar la citada promoción de ventas, el nuevo nivel de ventas resultante refleje algún crecimiento con relación al nivel de ventas previo, cuando se inició la misma.

El objetivo entonces de toda promoción de ventas sí bien es cierto es vender más en el corto tiempo, también lo debe ser generar nuevos clientes mediante una primera compra, con el propósito de retener a algunos de ellos, o a todos, idealmente, a largo plazo, y asegurar entonces sus compras.

Pero no sólo en el punto de venta se realizan promociones de ventas. Ahí se llevan a cabo aquellas destinadas al consumidor final, sin embargo, existen promociones de ventas destinadas a los intermediarios. Estas se llevan a cabo también con el propósito de empujar la venta de los productos a través de dichos intermediarios, hacia el consumidor final. De tal suerte, ideal será hacer la promoción de ventas y la publicidad mutuamente complementarias, dirigiendo ambas hacia el consumidor final, para que el efecto de empuje de la primera se apalanque del efecto de arrastre o jale propiciado por la segunda.

Las promociones de venta a intermediarios se adecuan en volumen a las compras por mayor que dichos intermediarios realizan, aunque tienen similar forma a las del consumidor, ya que rifas, sorteos, docenas de 13 o 14 unidades y tantas similares también son frecuentes.

En los Estados Unidos se acostumbra realizar una promoción de ventas sin parangón alguno el tercer viernes del mes de noviembre, llamado Viernes Negro. Desde la hora cero, y otros al amanecer de ese viernes, los negocios minoristas, al amparo incluso de su misma federación, abren sus puertas al público con fabulosas ofertas y descuentos. Todo el mercado está enterado de tal costumbre, tradición ya, y las empresas aprovechan a renovar sus inventarios dando cabida a nuevas mercaderías y el consumidor adquiere productos añorados durante largo tiempo, a precios, según algunos encuestados, bastante reducidos.

Desde el punto de vista de saneamiento de inventarios, así como de preparación de los nuevos frente a la época navideña, es una excelente oportunidad para la empresa a la vez que para el consumidor, y por ende, para la relación armónica entre ambos. Lamentablemente, pocos países latinos la han imitado, a pesar incluso de su positivo efecto sobre la economía nacional propiamente.

El Viernes Negro es quizá la más fastuosa promoción de ventas en el ámbito occidental, ya que, coordinada por la Federación de Minoristas de los Estados Unidos, abarca todo el territorio geográfico de dicho país, con su mercado de más de 300 millones de consumidores.

Vale mencionar en este apartado la importancia de la información que las tiendas ubicadas en el Este de los USA, en un huso horario 6 horas más temprano que las tiendas ubicadas en el Oeste, pueden brindar en cuanto a la demanda de bienes específicos durante dicho Viernes Negro, pues aunque el lapso es pequeño, las tiendas ubicadas en Los Ángeles, por ejemplo, pueden beneficiarse de saber con anticipación qué productos se están vendiendo mejor en Miami o New York ese mismo día, 4 o 6 horas antes de que llegue su hora de iniciar ventas.

Para concluir, considero importante resaltar la importancia de la promoción de ventas como herramienta de impulso a la rotación de inventarios, pues un inventario estático, simplemente lento o, peor aún, muerto, es un verdadero freno al desarrollo financiero de la empresa, y por ende, al desarrollo global de la sociedad.

Incursionemos ahora en el fabuloso mundo de las ventas.

Ventas

Las ventas son el último eslabón de la cadena de producción y comercialización, con lo que de no existir o no estar tales correctamente implementadas, toda la cadena carecerá de sentido y valor. Sí, si no hay ventas, de nada sirve todo lo realizado previo.

Recordemos que la base de todo plan de negocio es el objetivo de ventas que indica el pronóstico de las mismas, por lo que de no lograr éstas de acuerdo con dicho instrumento de planeación, la empresa no logrará cerrar completamente el círculo que previó, con lo que podría verse envuelta en serios problemas.

Por supuesto, la efectividad del programa de ventas podrá variar según los productos y los mercados, tanto como con el tiempo y un sinfín de variables más, sin embargo, estos factores, tanto como todo otro, tal la estacionalidad, los precios y demás, deben tomarse en cuenta y analizarse detenidamente cuando se hace la planeación, especialmente los pronósticos, y no hasta el momento en que se empieza a vender, o peor aún, cuando aparecen "inesperadamente".

Por otro lado, sabemos de ciertos productos de consumo masivo cuya compra requiere poco servicio por parte del comprador, con lo que resultan menos susceptibles en cuanto a la necesidad de una fuerza de ventas propiamente, aunque sí muchísimo en lo relacionado con su distribución, la cual debe ser intensiva. De hecho, de estos productos generalmente se dice que "se venden solos". Chicles, dulces, cigarros.

Sin embargo, conforme pasamos de estos productos cuya manera de comprar por parte del consumidor es rutinaria y sencilla, tanto que el elemento humano puede ser sustituido fácilmente por máquinas dispensadoras, hacia aquellos otros productos que requieren de más servicios y apoyo para su adquisición, tal cual el molino para nixtamal citado páginas anteriores o un jet a propulsión a chorro, el programa de ventas necesita de mucho mayor acuciosidad en la formulación e implementación de sus procesos, principalmente en cuanto a selección y capacitación de los vendedores, quienes en la misma medida de la complejidad que la venta requiera, se tornarán no sólo imprescindibles sino requerirán mayor capacitación.

Este tipo de vendedor es al que me referiré en las siguientes páginas dedicadas a la venta personal. Aquel que reconocemos como vendedor profesional.

Venta personal
Hemos visto que la Promoción contempla una comunicación masiva con el mercado a través de la publicidad y otra un tanto más específica mediante la promoción de ventas, pero la venta personal es la forma como la empresa se comunica directamente

con sus clientes, y por tanto, un nexo del todo indispensable para hacer posible, o no, la relación armónica necesaria con ellos.

Sin lugar a dudas, la venta personal es la responsable, por mucho, de la vida y desarrollo de toda empresa, aún en estos días de sofisticada innovación y desarrollo digital.

La primera vez de casi todo proceso de compra-venta necesita del apoyo de seres humanos. Aún. De personas que se relacionen e interactúen en pro de un intercambio que brinde beneficios mutuos, extensibles hacia la sociedad. Y ese precisamente es el propósito de la venta personal. Crear un puente de comunicación sólido y de confianza entre la empresa y el cliente, que conduzca a la relación armónica, y como consecuencia, a procesos de intercambio, de compra-venta, a largo plazo, de provecho para el desarrollo social.

El vendedor es el enlace entre la empresa y el mundo, principalmente el mercado, pero sólo: principalmente, pues mucho más allá, el vendedor es la extensión de la empresa misma hacia la sociedad en general. De tal suerte, el vendedor profesional lleva a sus espaldas la responsabilidad total de su empresa, por lo que a la vez debe contar con el apoyo integral de ésta. Así, no debe llamársele representante de ventas, sino representante de tal o cual empresa, vendedor profesional.

Es un vínculo que el estratega debe esforzarse por crear en los vendedores tanto como en todo aquel otro que represente a la empresa con el propósito de que lo hagan correctamente. Profesionalizarlos. Pues resulta insensato dejar la estrategia general de la empresa, la imagen misma, sus propósitos y la responsabilidad y compromisos sociales planeados, la empresa en sí, en personas cuyo desarrollo y compromiso sean pobres o débiles.

Por supuesto, no será de la noche a la mañana que se logre formar un equipo de vendedores profesionales, pero además, no es una simple meta sino todo un programa constante de selección, capacitación y motivación.

Como parte de las **cualidades y responsabilidades del vendedor**, caben mencionarse el saber dar a conocer y demostrar de manera profesional las cualidades y beneficios del producto y la empresa, las políticas de venta, los procesos de producción y todo aquella información que apoye el proceso de ventas, por lo que de igual manera deberá poseer también conocimiento acerca de los principales productos competidores y sus respectivas empresas.

Por supuesto, esta información puede estar asentada en catálogos, folletos, páginas web y demás, lo cual no exime al vendedor de su responsabilidad por conocerlas como la palma de su mano. Es más, independientemente de la categoría de producto, la información debe ser conocida por el vendedor, aunque sabemos que en ciertos casos dicho conocimiento será menor como consecuencia de la misma categoría de producto y no porque sea menos importante, tal el conocimiento requerido para vender un moderno sistema CNC tridimensional versus el necesario para hacerlo con chicles o cigarrillos. Ninguna es menos importante, simplemente de menor magnitud.

De tal suerte, vender sofisticados equipos de tecnología digital seguramente requerirá vendedores con una profesión universitaria previa en la ingeniería; productos para la higiene íntima femenina, mujeres; artículos para el cultivo agrícola y granjas, agrónomos, entre otros, pero en todo caso, también con la formación suplementaria necesaria en el ámbito de las relaciones interpersonales y las ventas, con el propósito de lograr esa ansiada armonía entre la empresa y el cliente.

Los conocimientos sobre el producto y la empresa son sólo una parte del bagaje necesario para el vendedor, pues claramente reconocemos que también necesita conocimientos propios del oficio de ventas tanto como de la habilidad personal para relacionarse positiva y constructivamente con el mundo. Destrezas mismas que el vendedor poseerá tanto de manera innata como también mediante su aprendizaje y desarrollo en él, con el propósito de fomentar y consolidar relaciones interpersonales y comerciales favorables, así como generar la empatía necesaria con el cliente.

Vale agregar que esta habilidad para relacionarse con el mundo obedece más al proceso de formación del sujeto desde su infancia que a academia posterior alguna; de tal suerte, serán las evaluaciones sicológicas durante el proceso de selección de candidatos las que nos indiquen con mayor certeza quiénes poseen mejor formación previa para integrar el equipo de ventas y construir dicha relación armónica. El trabajo en equipo es esencial.

De igual manera, sabiendo que vender requiere no sólo capacidad para generar empatía y comprender los puntos de vista del cliente sino también interpretarlos y volverlos a favor, se debe complementar esa habilidad innata con conocimientos y práctica, incluso simulada, en la detección, debate y manejo de objeciones de compra, tanto generales como de la industria específica.

Una cuarta cualidad del vendedor profesional lo es que si bien es cierto requiere un perfil amistoso, también lo es que, por mucho, se requiere de responsabilidad, honestidad y sensatez en la construcción y manejo de la relación, principalmente, respeto, con lo que estos rasgos de personalidad también resultan esenciales.

En quinto lugar, requerirá suma habilidad de razonamiento matemático y numérico, pues en esencia realizará operaciones y cálculos financieros constantemente.

Finalmente, su conocimiento del entorno geográfico y social, o cuando menos habilidad para desplazarse y desempeñarse en él.

De reunir satisfactoriamente las cualidades citadas, el prospecto o candidato obtendrá el título de vendedor profesional. Representante de la empresa.

Así las cosas, seleccionar a los vendedores requiere no sólo del conocimiento académico y la experiencia del gerente de ventas sino también del apoyo desde profesiones auxiliares tal como la sicología, principalmente desde la gestión de recursos humanos y sus diversos test y pruebas de personalidad.

En cuanto a la estrategia de ventas personales, esta también debe ceñirse a los objetivos y al plan de negocio de la empresa, específicamente en la de comunicación. Así, el vendedor transmitirá a los clientes el mismo mensaje central que la estrategia de comunicación pregona, aunque con la gran ventaja de poder adecuarlo al cliente potencial frente a sí. Logro vedado a todas las otras formas de comunicación contempladas, por su mismo carácter impersonal.

Hoy día, la labor de ventas entre organizaciones del mercado del revendedor ha llegado a tal grado de tecnificación y desarrollo que es prácticamente el cliente quien compra on line los productos del proveedor, de acuerdo con la rotación de inventarios que presentan en el POP, con lo que el trabajo de los vendedores se ha limitado a un asunto de servicio meramente; sin embargo, existen industrias donde la labor de venta personal es y continuará siendo indispensable, máxime cuando no es el caso simplemente de rellenar un inventario sino de productos cuya compra requiere de ciertos servicios adicionales, tanto previos como durante y después de la compra, tal los casos de productos de especialidad, comparación y exclusividad, en el mercado de consumo, tanto como de la primera vez, las licitaciones y las recompras modificadas en el mercado organizacional.

Bien, con esto damos por terminado el tema de la mezcla de mercadotecnia, cuya comprensión en toda su dimensión y constante vigilancia y control contribuirán enormemente a la administración estratégica del mercadeo y la estructuración de planes de negocio con mayores probabilidades de éxito.

Demos ahora un recorrido por ese fabuloso mundo que constituye la mercadotecnia de la venta al detalle o del revendedor, como también se le conoce.

Mercadotecnia al detalle

Si bien es cierto la promoción es la parte más visible de la mercadotecnia, por cuanto es comunicación, las tiendas al detalle no se quedan atrás en absoluto, no sólo por la cantidad de almacenes, tiendas, supermercados, abarroterías, cafeterías, ferreterías, salones de belleza, gasolineras y demás negocios dedicados al detalle, sino, además, por su estratégica ubicación y destacada presencia en el centro de los mercados y su cercanía a las poblaciones, a la gente: a los consumidores y a los clientes.

El momento cumbre de toda la larga cadena de producción que inició allá en las grandes fábricas de fertilizantes para algodón, quizá 3 años atrás, se encuentra en la pequeña tienda de ropa del centro comercial que visitamos para comprar nuestros jeans.

Es acá, frente al espejo del vestidor, ante el estante del supermercado o en la silla del salón de belleza, donde el consumidor da el sí, o el no, según el caso, a los productos-satisfactores. Y por ende, a la demanda derivada de todos los otros recursos y materias primas que previo se requirieron para lograr finalmente colocar un producto a la venta en estos sitios.

Una empresa fabricante de jeans puede proveer a toda una cadena de almacenes y boutiques tan extensa como de 1,000 o más puntos de venta, de tal suerte, la abundancia del detalle en los mercados es, por mucho, superior a la mercadotecnia de organizaciones, pero además, es acá, en la tienda, almacén o boutique del vendedor detallista, a donde el cliente llega, ve, huele, toca, siente o saborea los productos-satisfactores y los adopta, o los desecha. Donde vive la experiencia de compra.

La importancia de la venta al detalle para cerrar el círculo de la administración estratégica del mercadeo en la producción, intermediación, distribución, venta, consumo, programas sociales y demás, exige al estratega de mercadeo tomar conciencia de dos aspectos básicos sumamente importantes en su gestión.

- Si bien es cierto, teóricamente pertenece al mercado del revendedor o del detalle, su verdadera misión dentro del mercado es brindar un servicio, por lo que no puede prescindir de la teoría y el conocimiento al respecto, pues en esencia el revendedor debe construir a partir de ciertos productos-herramienta y valores agregados a los mismos, toda una experiencia de compra sensacional para el cliente.

- Su mezcla de mercadeo contempla variables adicionales a las 5 P´s, las cuales también es necesario observar, analizar y corregir o adecuar constantemente.

Sí, la tienda de jeans tanto como la abarrotería, pastelería o gasolinera no venden jeans, abarrotes, pasteles ni gasolina sino se venden ellas mismas como empresas vendedoras al detalle de los tales. El objeto a mercadear y vender va más allá de los jeans, los abarrotes, los pasteles o la gasolina, debiendo enfocarse en un establecimiento comercial determinado. Con lo que dicho establecimiento comercial es en este caso el producto, y como tal, es susceptible entonces a la teoría acá revisada previo, tanto como a la práctica al respecto.

De tal suerte, este establecimiento comercial viene a prestar el servicio de venta al detalle de determinados productos-satisfactores que, al momento de estar dentro del POP, se convierten en productos-herramienta, y ceden el calificativo de producto-satisfactor al establecimiento comercial que los contiene. De ahí que comprar el mismísimo producto en el POP A nos resulta mucho más agradable que hacerlo en el POP B.

Sí. Los productos que el intermediario compra y revende son simples herramientas financieras cuyo principal propósito es apalancar el desarrollo del negocio, contribuyendo a las ventas y generando utilidades, para a su vez apalancar el desarrollo de la sociedad.

Para prestar ese servicio de venta al detalle, el establecimiento comercial requiere, como se señala, la oferta de un inventario de productos-herramienta, pero también debe dotar a los mismos de una serie de valores o utilidades

224

adicionales como los son las de lugar, tiempo, variedad y cantidad, en pro de la satisfacción de su cliente, sea este un próximo intermediario o el consumidor final.

Estas utilidades adicionales a agregar a los productos-herramienta, en escuetas palabras, indican: ofrecer al cliente los productos-herramienta en el lugar preciso, en las fechas y horas que se necesitan, con la variedad requerida y en las cantidades acordes para su consumo.

Adicionalmente, y como se ha mencionado, el servicio de venta al detalle requiere también de una mezcla propia de mercadotecnia, con variables adicionales a las ya señaladas personal, plaza, producto, precio y promoción, entre las cuales tenemos:
- Ubicación-concordancia-facilidad de acceso.
- Ambiente-merchandising.
- Valores agregados-servicios
- Productos-herramienta-inventarios

Como vemos, en los cuatro casos se abarca más de una variable, pues es la única manera como percibo es posible transmitir la importancia que lograrlas al unísono representa, o por lo contrario, evidenciar lo inútil que lograr sólo algunas de ellas representaría.

Por supuesto, dependerá de cada mercado el valor que el cliente otorgue a cada uno de los componentes de las variables, por lo que en última instancia será él quien a través de nuestra investigación nos indique qué valora más de cada uno, aunque ello no implica que el estratega pueda obviarlas.

Ubicación – concordancia – facilidad de acceso

En primerísimo lugar, la ubicación del POP resulta de vital importancia para apuntalar su crecimiento, su éxito, su desarrollo. Su vida dentro del mercado. Máxime para cumplir con la utilidad de lugar mencionada previo. Pero tal ubicación debe ser totalmente congruente con el mercado meta y la estrategia de comunicación. Y por supuesto, deberá ser fácil y rápidamente identificable dentro del vasto ambiente que seguramente le rodeará, así como ofrecer un ingreso fluido a su interior.

Quizá en cierto mercado resulte más importante la facilidad de ingreso a la ubicación, máxime cuando es el caso de productos de cierta exclusividad y especialidad que no estarán abundantemente disponibles, pero siempre debemos tener presente que de darse el caso que la competencia ofrezca una mejor ubicación, aunque posea nuestras mismas facilidades de ingreso, ella llevará las de ganar.

Así, la primera decisión importante respecto del servicio del detalle lo es la ubicación.

Como se ha indicado, toda empresa comercial detallista es un producto-satisfactor, con lo que resulta siendo afecta a las mismas variables, incluso en relación con un ciclo de vida. Así, la amplitud de su ciclo de vida radicará, por mucho, en dicha ubicación geográfica, pero también en la concordancia que tenga con su mercado y la facilidad de acceso que brinde. Son decisiones de singular importancia para el negocio detallista.

Cerca, en medio de todos de ser posible, entre todos los consumidores que han sido identificados como mercado meta. Con un alto tránsito de ellos enfrente, a los lados y atrás. Esa es la ubicación ideal. Aunque de igual manera se valorará el tipo de vecindario predominante y las expectativas de crecimiento del sector, así como la existencia de servicios públicos esenciales, principalmente en cuanto a seguridad.

Vale resaltar la estrategia de los nuevos complejos comerciales que llegan incluso a construir iglesias dentro de sus propias instalaciones con el propósito de generar tránsito de personas.

De tal suerte, el tráfico de personas es esencial, y si no existe de manera natural, vemos que es factible generarlo, aunque a un costo sumamente elevado.

Cuando dicho tránsito es peatonal, será mejor, pues facilitará nuestra exposición y exhibición como POP, tanto como el ingreso del cliente al mismo, pero si es de tránsito vehicular, debemos agregar otro valor esencial: estacionamiento. Pero no cualquier estacionamiento, sino aquel que cumpla con todas las comodidades que nuestro cliente espera. Es decir, un área que sea acorde con la calidad de servicio e imagen que hemos planeado y que comunicamos, y que por tanto el cliente espera.

¿Cuáles o qué comodidades espera el cliente? Todas. Todas las que le hemos ofrecido mediante nuestra comunicación. O cuando menos, todas las factibles entre un subibaja emocional-racional que va desde la absoluta comodidad hasta el tal precio. Pero eso seguramente lo sabemos, así como también que de suceder que la competencia directa ofrezca mejor comodidad para nuestros clientes, manteniendo las otras variables constantes, precio entre ellas, también atraerá más clientes que nosotros. Y con esto, la oportunidad de crear en ellos conductas de compra repetitivas, y por tanto, más sólidas y difíciles de modificar a nuestro favor posteriormente. Lo cual es razón más que suficiente para esforzarnos en prever o cuando menos responder en el menor tiempo posible y con la contundencia necesaria a todo intento de la competencia por captar a nuestros clientes.

Sin embargo, algunos clientes en cierto tipo de mercados comprarán en establecimientos cuyo nivel de incomodidad sea ampliamente superado por su bajo nivel de precios, en una conducta de compra que refleja la supremacía de la satisfacción que un bajo precio brinda versus la comodidad que no ofrecen. Sin embargo, otro importante grupo de clientes actuará totalmente al contrario. ¿Cuáles son entonces los clientes que nosotros queremos atender mayoritariamente? Estos estarán perfectamente definidos en la estrategia general, y esta variable: ubicación-concordancia-facilidad de acceso, debe estar totalmente supeditada a ella.

Ambiente-Merchandising

Esta dualidad también debe ser considerada con muchísima atención, principalmente por cuanto en unión con el personal de servicio al cliente o de piso, se constituye en el eje de la experiencia de compra del cliente dentro del POP.

Me refiero a la mezcla de un ambiente agradable y cómodo que a la vez invita a recorrerlo totalmente con el propósito de maximizar la exposición de los productos y, por ende, incentivar su posibilidad de compra por parte del cliente.

Es lo que ofrecen aquellas tiendas en las que sin saber a ciencia cierta por qué, como consumidores nos sentimos bien en ellas y las visitamos frecuentemente, e incluso sólo para ir a ver, dada la grata experiencia que nos proporcionan. Pues bien, tal satisfacción nuestra no es casualidad. Ahí, en ellas, hay un trabajo profesional de mercadotecnia, específicamente con el equipo humano. Con el personal y su capacidad de servir para servir, así como del merchandising y la arquitectura en cuanto al tamaño de las áreas y el manejo y distribución de los espacios y la decoración, todo lo cual incide en ese grato ambiente.

Por supuesto, amén de los anteriores, también cuentan para lograr esa grata experiencia de compra en el cliente: la música, los colores, el piso, la alfombra, la limpieza y la iluminación, tanto como la disposición y ubicación de los elementos, entre otros; sin embargo, debemos a la vez cuidarnos de no caer en la trampa de distraer al cliente de nuestro principal propósito: sus compras.

Existen establecimientos que se interesan en instalar, por ejemplo, grandes acuarios. Y sí, logran generar un alto tránsito de personas, pero sin ninguna incidencia en sus ventas. De tal suerte, la implementación de todo instrumento con propósito de generar tránsito debe ser analizada también desde la perspectiva de la sicología del consumidor, para conocer de antemano a quienes se atraerá, y cuál será su probable conducta de compra y respuesta, y entonces tomar la decisión de llevarlo a cabo o no. La novelería y el entusiasmo no siempre van de la mano con la capacidad de compra.

Valores agregados-servicios

Un punto de venta también puede, y debe, generar valor agregado a los productos-herramienta de que se sirve para su gestión. Por ejemplo, especializarse en la venta de productos a bajo precio eliminando algunos servicios adicionales relacionados con la comodidad, tales como pago sólo en efectivo, no empaque, poco estacionamiento, disminución del espacio entre góndolas para mayor exhibición, iluminación por debajo de lo habitual y pocos cajeros, entre otros, pero ubicados en las cercanías de barrios populares, estaciones de buses y dentro de zonas de alto tránsito peatonal, los cuales generan mayores posibilidades de ventas para ciertas categorías de productos, será identificados por los consumidores como fuentes de ahorro y economía. De tal suerte, si la estrategia general está enfocada en los bajos precios, se tendrá un aliado perfecto en dichos intermediarios para la distribución de los productos.

También es factible generar valor como una empresa altamente responsable en el servicio postventa o en la distribución, como en esencia lo puede presumir hoy día Amazon, o en la imagen, como Sears se esfuerza en lograrlo.

En todo caso, nuestra responsabilidad como estrategas no sólo es crear y proporcionar la mayor cantidad de valor agregado sino, más importante aún, comunicárselos adecuadamente al cliente. Ofrecérselos, pues recordemos, el cliente no tiene la obligación de conocer y saber acerca de nuestros productos y valores agregados. Lo que él necesita es que le ayudemos, y la responsabilidad es total y absolutamente nuestra. Jamás pensaremos que un cliente ha sido tonto porque no sabía que nuestra garantía o nuestro producto eran mejores, pues los tontos habremos sido nosotros al no darle a conocer tales atributos o beneficios.

En síntesis: el personal, los valores agregados, los servicios, la imagen, tanto como la ubicación, la facilidad de acceso, el ambiente mismo y tantos otros citados, contribuirán a propiciar una experiencia de compra que, dependiendo de la calidad, congruencia y sinergia de los tales, podrá ser sumamente grata, o no. Las ventas lo indicarán.

Como se mencionó, las variables: personal, plaza, producto, precio y promoción también deben ser objeto de vigilancia, análisis y adecuación constante en este ámbito del detalle, aunque contándose con un mayor poder sobre ellas de parte nuestra, más control, se infiere que las posibilidades de eficiencia en su armonía y por ende logro de objetivos, serán mayores.

En la venta al detalle también debe existir congruencia entre la calidad e imagen del negocio y el servicio del personal. Una joyería exige personal con alta capacidad de servicio, presentación y modales, al igual que toda venta de artículos de prestigio o exclusividad.

En cuanto a plaza, el detallista la tiene más fácil, pues la misma está determinada desde el momento en que elige la ubicación. Si la ubicación es para productos de consumo popular, bajos precios y poco servicio, claro que podrá emprender una joyería, pero deberá ser totalmente acorde al nivel de ingresos del cliente común en el área geográfica, y por lo tanto, será de joyas de bajo precio, aunque siempre de alto valor. Como todo lo que vendemos en todos sitios.

De igual manera en cuanto a producto. Un detallista quizá prefiera especializarse en una única categoría, como puede serlo zapato tenis para hombre, contando para ello con diversidad de marcas, estilos, tallas y colores; o bien, en cuanto a género: zapatos de toda clase, para hombre. Lo que implica un inventario más grande, pero también mayores posibilidades de venta. O puede ser aún más preciso en su especialización y ofrecer calzado para diabéticos.

Finalmente, los precios también serán fijados por la ubicación, dada la plaza que se atiende. Aunque también con relación a la competencia ahí presente.

De hecho, no pocas veces la competencia misma nos obliga a especializarnos, pues competir frontalmente contra quien posee más espacio físico, y por ende posibilidades de mayor inventario y exposición, es un suicidio, ya que nunca podremos ofrecer tanta variedad como ellos. Así, quizá sea más conveniente especializarse y competir sólo contra uno de sus departamentos, sea este el de niños, el de jeans, las blusas o los accesorios, en fin, tantas opciones como él las tenga, pero seleccionando nosotros una sola y especializándonos en ella, con lo que entonces podremos ofrecer tanta amplitud y profundidad en la línea específica de producto que probablemente con creces superará a lo que en una gran tienda es sólo un departamento.

Muy por encima de todo, debemos tener siempre presente que los mercados son totalmente dinámicos y cambiantes, y que lo que hoy es, mañana puede no serlo. Un pequeño barrio de personas de recursos limitados puede convertirse con el paso de los años en un moderno y elegante sector residencial por el hecho de alguna edificación en sus inmediaciones, y con ello, presentar un cambio trascendental como segmento de mercado.

Otra consideración respecto al detalle es cómo daremos a conocer al mercado la mezcla de producto-satisfactor y de producto-herramienta que, como hemos dicho, resulta siendo un punto de venta. Y al respecto habrá muchas consideraciones previas. Por ejemplo, ¿quién tiene más poder para atraer al cliente, la marca de los productos-herramienta o el nombre del POP o producto-satisfactor? O quién, entre los productos-herramienta por sí solos, y la experiencia de compra que el POP ofrece.

El propósito de estas elucubraciones, como de todas las planteadas, es obligarnos a pensar en el tema y analizarlo.

En este caso puntual, debemos establecer, en común acuerdo con nuestra estrategia de comunicación, el porcentaje que cada uno de los dos productos: satisfactor y herramienta, ocupará en los mensajes publicitarios. Cuál será el importante.

Dependerá por supuesto del poder de cada uno de ellos en la mente del consumidor. Así, debemos decidir cuánto anunciamos el POP y cuánto los productos, dentro de un mismo mensaje.

Bien, a continuación intento trasladar un ejerció práctico acerca de la teoría presentada y que sin duda el lector ha recibido también desde otras fuentes.

Nuestra primera vez

Sin duda, todos soñamos alguna vez con la idea de independizarnos e iniciar nuestro propio negocio. Pues bien, a partir de este momento describo una secuencia lógica con base tanto en mi experiencia como en la academia, para llevarlo a cabo con mayores posibilidades de éxito y lograr vivir bien. Así, esta propuesta que presento de proceso de creación y desarrollo de nuevos negocios inicia, totalmente fuera de lo establecido, con una definición del ámbito congruente.

El ámbito congruente

Una empresa formalmente establecida y sólida difícilmente incursionará en mercados en los que no tiene experiencia o no se siente cómoda, salvo quizá que la oportunidad sea sumamente atractiva, sin embargo, no será su práctica general. Hay un dicho que reza: zapatero, a tus zapatos. Y tal encierra mucho de verdad.

De igual manera, como seres humanos, tampoco estamos en la amplísima disponibilidad de dedicarnos a cualquier tipo de negocio. Tenemos nuestros gustos y preferencias, con lo que seremos también selectivos al respecto. Adicionalmente, la gran mayoría de motivadores y sicólogos reconocen hoy día que cuando la persona hace lo que le agrada, lo hace bien, incluso mejor.

De tal suerte, el primer paso para la creación de un negocio propio es darnos un vistazo a nosotros mismos y examinar con detenimiento lo que nos gusta, o mejor aún, nos apasiona, y desde ahí, buscar alguna oportunidad de negocio a desarrollar que sea congruente con ese nuestro estilo de vida. Entre más sinergia exista entre lo que nos gusta y lo que pretendemos hacer, mucho mejores serán los resultados. Tal vistazo hacia dentro es factible realizarlo individualmente o con el apoyo de la familia, si es que se cuenta con su respaldo en la idea de iniciar un negocio.

La segunda característica personal que incidirá en el tipo de negocio a implementar está constituida por aquellas habilidades y destrezas que nos hacen mejores o peores para determinadas faenas, por ejemplo, la paciencia y la minuciosidad en alguien que durante años ha pintado modelos de carros, aviones y barcos puede ser el preámbulo para un diseñador de joyas, o quien se ha ejercitado dentro de la cocina desde años mozos, para el chef de un pequeño restaurante o quien ha tenido gusto y práctica en armar y desarmar motores, pues en la mecánica, y quien ha leído muchísimo, pues en el ámbito editorial o como redactor. De tal suerte, no sólo que nos guste y apasione sino que también sepamos al respecto, resulta esencial.

Sin embargo, debemos considerar también dos habilidades más, igualmente importantes en todo ámbito de negocio.

En primer lugar, nuestra habilidad numérica y capacidad para mantener la cordura ante las cifras y cantidades, principalmente de dinero, que todo negocio forzosamente tiene que administrar, tanto durante las ventas como durante las compras. Máxime cuando recordamos que el control financiero es una de las bases estratégicas del éxito en la gestión, y que dicho empieza por contar dinero, sumar, restar, multiplicar y dividir, para luego analizar. De tal suerte, es importante tener dominio sobre los números y la aritmética, cuando menos.

En segundo lugar, aunque nunca menos importante, también es imprescindible en todo ámbito de negocios poseer habilidad para relacionarse con las personas en buenos términos, principalmente vendiendo y, por supuesto, cobrando, aunque también administrando personal y creando relaciones armónicas.

Así, las características citadas resultan esenciales, sin embargo, de no poseerlas todas en uno, lo importante será saberlo, y anticipar entonces que se requerirá ayuda o apoyo de otras personas en esas áreas en las cuales no somos del todo autosuficientes.

Como he señalado previo, no porque se cocina maravilloso se le garantiza al cocinero el éxito de un restaurante; al maravilloso artista, la conducción brillante de una academia o al médico la administración eficiente de un hospital.

A continuación, mi segundo paso. Primero en la mayoría de textos eminentemente teóricos: la generación de la idea, pero manteniendo siempre en mente que debemos encajar como personas en las oportunidades de mercado que vislumbremos.

Generación de la idea

Investigando y conversando con diferentes personas, viendo, leyendo e informándonos mejor, veremos que empiezan a surgir ideas de negocio, tantas que debemos anotarlas. Todas ellas, por naturaleza, serán acordes con nuestra personalidad, pues es lo lógico y natural. Buscar oportunidades de negocio en ámbitos que nos agradan.

Luego, conforme conocemos más de cada una de tales ideas, las desarrollamos con cierta amplitud, o, de ser el caso, desechamos las que pronto descubrimos incongruentes o poco atractivas.

Dado que es fácil confundir un restaurante con una cafetería e incluso con un bar, tanto como identificar un ámbito congruente de clientes y luego perderse y terminar atendiendo un segmento contrario, es necesario asentar dichas ideas y enriquecerlas partiendo desde el tipo de clientes pretendido, el nivel de precio a ofrecer y la calidad de la experiencia de compra que pretendemos fabricar para ellos, todo lo cual debe guardar suma coherencia.

Por ejemplo, muchos añoran una venta de licor por la facilidad de éxito que se le prevé, sin sopesar todos sus aspectos negativos, tales como desvelos, atención de clientes indeseables, asuntos de armas, drogas y prostitución, entre otras. Por lo contrario, algunos pretenden un restaurante familiar, sin sopesar que adultos y niños necesitan diferentes comodidades, la alta estacionalidad de la demanda durante los fines de semana, el imperativo de área para estacionamiento y tantos otros similares que, más allá de un capital y muchos deseos, necesitan un esfuerzo grande realmente, principalmente por las amplias jornadas de trabajo que, como se ha señalado, incluyen los fines de semana.

Así, y tal como le sucede al consumidor durante su búsqueda de información, el emprendedor también inicia una fase de exposición selectiva hacia la idea de negocio que está concibiendo, con lo que empieza a dar inusitada atención a todo aquello que tiene relación con la misma. Durante esta fase, muchas de las ideas iniciales se van modificando hasta ser totalmente distintas a como en inició se pensaron. El primer paso entonces es investigar y escribir. Anotar y reunir toda la información factible que apuntala esas nuestras primeras ideas.

Se verán locales comerciales en alquiler, negocios similares al pretendido, lo que otros venden y cómo lo venden, a la vez que se pensará en cómo él lo venderá. Se preguntará a familiares o amigos, máxime aquellos que están en el ámbito de los negocios propios; leerá los clasificados en el diario para saber cuánto cuesta un alquiler, en dónde y qué se ofrece y qué necesita como inquilino. Investigará sobre los sueldos a pagar, los equipos tales como caja registradora, calculadora, POS para cobrar mediante tarjeta de crédito, aparatos y toda una serie de necesidades relacionadas. Seguramente leerá este libro y otros similares. Paulatinamente pues, reunirá toda una serie de datos que se traducirán en información.

Información que continuará asentando en algún cuaderno u hoja de cálculo o archivos Word, debidamente ordenados con relación a las variables a vigilar y analizar, las 5 P´s, tanto como las específicas al mercadeo de la reventa o el detalle.

Paulatinamente, su idea inicial tomará mejor forma, más concreta y congruente, ya que ha desechado lo intrascendente y tomado otras ideas o consejos no contemplados previo, como suele suceder con los costos fijos y variables planteados capítulos anteriores, principalmente los márgenes de utilidad que cobran los intermediarios.

Finalmente el emprendedor llega a tener una mejor idea del tipo de negocio que puede iniciar.

¿Y la identificación de necesidades? Las necesidades existen, todas, en determinada área geográfica. WallMart domina el mercado de venta al detalle, pero ello no impedirá que alguien más pueda llegar con novedosas y acertadas estrategias de comercialización y lo desaparezca. Quizá le tome 50 años, pero puede suceder. De tal suerte, cuando decimos que satisfacemos necesidades, no implica que forzosamente tengamos que rebuscarlas en los mercados. En absoluto. Las necesidades están latentes en las personas, y quien llegue y las satisfaga con mayor eficiencia será el próximo dominador del mercado. Puede iniciarse una tienda de ropa justo al lado del mayor almacén de ropa de la ciudad, que si se hace bien, crecerá. De igual manera, una venta de hamburguesas al lado de Mc Donalds. Con la ventaja adicional de que esos negocios atraen ya naturalmente clientes en busca de la categoría de producto, quienes en última instancia pueden decidir ir al nuevo y probar la experiencia de compra que ofrece. Y si ese otro ha creado y desarrollado toda una experiencia fantástica y satisfactoria para sus clientes, y se apoya en productos-herramienta igualmente satisfactorios, retener a tales nuevos clientes será la única respuesta posible.

Así, más que identificar necesidades, hay que ocuparse desde el principio en hacerlo bien. Ordenado, coherente y lógico, pero, principalmente, con buena información y con el objetivo claramente identificado de construir una placentera experiencia de compra para el tipo de cliente que prevé, al precio estimado.

Creación del concepto

Cuando la idea ha tomado alguna forma definida, más concreta, será necesario reescribirla, pensando en un concepto de negocio. Básicamente, indicando el segmento de mercado al que se dirigirá, los beneficios a ofrecer el nivel de precios, la experiencia de compra que proporcionará y el momento de la misma o de la compra.

A continuación ejemplifico mediante algunas ideas de negocio y luego diversos conceptos factibles a partir de las mismas.

Así, cafetería, tienda de ropa, panadería, pastelería y comida para llevar se constituyen en 5 alternativas probables de idea de negocio.

Cafetería, panadería y pastelería poseen bastante congruencia entre sí, con lo que un negocio puede abarcar los 3, o no, dependiendo principalmente de la disponibilidad de recurso financiero. Principalmente en cuanto a dinero para los hornos para pan y pasteles. Entonces, de ser factible contar con los hornos, será factible contar con los 3 negocios en uno. Caso contrario, podrá iniciarse con cafetería, aunque sin perder de vista la probable ampliación posterior, conforme al desarrollo, hacia panadería y pastelería, lo cual se asentará por escrito en el plan de negocio como una meta a X años o meses plazo.

¿Por qué no integramos también comida para llevar y pensamos en 4 posibilidades de negocio integradas en uno sólo? Respondo: ¿por qué no?

Ahora bien, la tienda de ropa sí queda afuera de cualquier integración con las otras alternativas de idea citadas, aunque nunca totalmente limitada, pues dependiendo del mercado que atienda, puede extenderse integrándose hacia otras tales como ruedos y composturas de ropas u otros productos que el cliente también demande. En el mercado de jóvenes: ropa, música y accesorios poseen alguna coherencia y sinergia.

Para efectos prácticos, revisemos ahora algunos ejemplos de conceptos de cafeterías y de tiendas de ropa.

o   Comida rápida de bajo precio, orientado a jóvenes de entre 13 y 19 años, estudiantes de establecimientos ubicados en áreas populares y que buscan un medio de expresión donde pasar las tardes.

o   Comida rápida de precio medio – alto, orientado a jóvenes de entre 16 y 25 años, estudiantes de universidades privadas, que buscan alimentos saludables durante la jornada académica, cuidan del medio ambiente y llevan una vida sana.

o   Cafetería para personas de entre 25 y 55 años, con capacidad de pago, que gustan de tomar buen café y la alta pastelería, en un ambiente natural de armonía y tranquilidad durante las mañanas y tardes.

o   Tienda especializada en jeans (80% a 85% de la mezcla) con amplio rango de precios, surtido de marcas, estilos y colores, tanto como tallas extremas, preservando en todo momento la calidad como beneficio primario, en servicio de lunes a domingo.

o   Tienda de ropa elaborada con algodón, para bebes y niños hasta los 12 años, de niveles SE altos, cuyas madres buscan imagen y comodidad durante su compra, especialmente entre semana.

Rápidamente vemos la variedad de conceptos que se generan a partir de una idea. De igual manera sucede con productos específicos, pues en pasteles, por ejemplo, podemos mencionar de alta cocina, populares, con ingredientes 100% naturales, con mantequilla, con turrón, fríos, enteros, en porciones, con imágenes y un sin fin de características tanto como de potenciales consumidores. Lo importante es no quedarse sólo con la idea central. En este caso: pasteles.

Revisemos y analicemos ahora los conceptos descritos:
o   En el primer caso, el principal beneficio para el cliente es precio, con lo que la calidad automáticamente está siendo sacrificada; aunque quizá no totalmente, pero debemos reconocer que será muy difícil mantenerla. Además, y muy importante, como consumidores solemos atribuir calidad a productos de alto valor y a mermársela a los de bajo precio. Como consecuencia, es un concepto que persigue volumen en ventas, a la vez que se prevé en él la prestación de pocos servicios y valores agregados. Es un negocio más fácil, en

términos de la tasa de servicio a construir para el cliente. Hay duda también en la capacidad de compra del segmento. Y el horario de la mañana debe aprovecharse con otra fuente de clientes. ¿Cuál?

o   El segundo concepto indica precios poco más altos y calidad, así como la presencia de servicios y valores agregados, aunque dado el interés por el medio ambiente, se prevé los clientes apreciarán lo rústico y minimalista, por tanto la inversión en mobiliario y decoración podría no ser alta. El tipo de cliente generalmente conoce y cuida lo que come, por lo que la exigencia en cocina también será alta. Con relación al precio, quizá será conveniente revisarlo hacia arriba. El mercado no es cautivo, sino al contrario, nuestra dependencia respecto a él es total. Cierra la universidad, y no habrá más clientes.

o   El tercer caso presenta un panorama más relajado, quizá menos clientes pero con mayor solvencia y posibilidad de desembolso económico, por lo que cada uno de ellos gastará en cada ocasión de consumo más dinero que en los casos anteriores. Sin embargo, la exigencia en servicio y cocina definitivamente es alta. No se persigue volumen, por ende tampoco tráfico. La ubicación buscará algún equilibrio entre accesibilidad, comodidad y tranquilidad, antes que plena exposición en alguna calle de alto tránsito.

o   El cuarto concepto, una tienda de jeans especializada, será ventajosa en un mercado en el que dicha estrategia no sea frecuente, pues no sólo será innovadora sino además lo hace con un producto en plena madurez, que siempre se vende. Además, la estrategia es ideal para incursionar en segmentos de mercado dominados por grandes almacenes. Es una tienda típica de centro comercial, especializada en línea de producto.

o   El último concepto, dada la mayor tasa de compra que dicho segmento presenta por el rápido crecimiento de los infantes y el poco cuidado en sus ropas, representa una buena oportunidad, aunque debe tenerse en cuenta al consumidor tanto como al comprador en cuanto a ambientes, pues debe satisfacer a la madre y al niño. El personal con más empatía será femenino. Atenderá a la mamá que no trabaja.

En cada concepto de negocio descrito, las ubicaciones deberán ser congruentes con el mercado meta pretendido. Además, debemos investigar en el cliente potencial sus características personales, nivel de consumo mensual en la categoría de producto, momento en que lo hacen, manera o modo de comprar, así como de consumir y pagar, y demás situaciones y hábitos que dan forma a la conducta de compra del cliente potencial, con el propósito de crear y desarrollar la más fantástica experiencia de compra para él, tanto como una mezcla de mercadotecnia totalmente congruente y acorde.

Sí, nuestro negocio debe estar totalmente orientado y diseñado para servir y satisfacer al cliente de la mejor manera posible, desde el inicio, y para ello anticipamos que deberemos servir para servir, tanto como crear y desarrollar una mezcla de mercadeo al detalle que contribuya a hacer realidad el propósito de la experiencia agradable.

Bien, de entre las opciones de concepto plasmadas debemos finalmente escoger una sola para centrarnos en su desarrollo.

Con fines meramente ilustrativos, elegimos la segunda opción, la cual enriquecemos agregándole nuevos detalles que permitan esbozar de mejor manera el concepto. Como recordamos, la misma reza:

- o Comida rápida de precio medio – alto, orientado a jóvenes de entre 16 y 25 años, estudiantes de universidades privadas, que buscan alimentos saludables durante la jornada académica, cuidan del medio ambiente y llevan una vida sana.

Un área de entre 100 y 150 metros cuadrados, con espacios techados y al aire libre, con capacidad de servicio para 120 comensales en cada jornada, en donde serviremos desayunos, sándwiches, sopas, ensaladas, hamburguesas, hot dogs y similares, con materias primas de alta calidad e higiene, en horario de 7:00 a 20:00. Ubicado alrededor de 250 metros máximo de la periferia de la universidad, para atender a sus estudiantes como mercado primario. El ambiente será decorado con macetas, piedras y madera. Se ofrecerá servicio de Wi-Fi y conexión eléctrica para dispositivos electrónicos. Oportunamente se valorará la conveniencia de dirigirnos al claustro como mercado secundario.

Esbozar esta aproximación de lo que será el negocio no es factible sin antes haber investigado al respecto en las mismas inmediaciones de la universidad, habiendo visitado los establecimientos que actualmente funcionan, conversado con alumnos, empleados de los negocios y otras personas de las cercanías, incluso quizá con el que vende la prensa en la esquina. ¿Empírico? Sí. Aunque más adelante respondo con amplitud.

Determinación de probabilidades de éxito

Bien, una vez redactado el concepto de negocio, vale preguntarse cómo éste supera a la competencia que actualmente sirve a los estudiantes en el área. Lógicamente, es información que, como se indicó, debemos conocer de antemano. ¿Quiénes atienden a los estudiantes de la universidad? ¿Cómo lo hacen? ¿Cuál es su oferta de producto? ¿Qué ambiente ofrecen? ¿Cuál es su nivel de precio? ¿Cuántas mesas tienen? ¿Qué porcentaje de ocupación alcanza cada uno durante los recesos de cada jornada y durante el almuerzo, la cena y el desayuno? Entre otras interrogantes que debemos habernos respondido previo o cuando menos en paralelo al momento de desarrollar el concepto de negocio.

Identificación de la oferta de la competencia

Para el efecto, investigamos, básicamente observando y contando. Aunque también midiendo cualitativamente nuestra futura oferta contra la oferta actual de los competidores, valorando los distintos atributos en ellos versus los de nuestra propuesta. Entre otros, personal, ubicación, facilidad de acceso, ambiente, decoración, amplitud del menú, precios, higiene, servicios extras, seguridad, estacionamiento, comodidad y demás que consideremos necesarias.

Siendo este un análisis realizado por nosotros, es importante anticipar que debemos ser consistentes y conscientes en todo caso con las calificaciones que otorgaremos a cada uno de los atributos que evaluamos. Así, iniciamos calificando dichos atributos en los otros negocios, valuando cada uno de ellos en un rango de 1 a 100, a intervalos de 10, y luego lo que planeamos para dichos atributos en nuestro negocio. Finalmente, comparamos y evaluamos, formándonos una idea de lo que deberemos mejorar.

Obviamente, la idea por ahora es que conozcamos cómo es la competencia, tanto en sus puntos fuertes y débiles, NO para simplemente estar conscientes de ellos sino para prepararnos a corregirlos y superarlos constantemente en nuestra idea de negocio que continuamos describiendo a papel y lápiz. A sabiendas que, entre otras, una ubicación dentro de los primeros 50 metros de la puerta de la universidad, por ejemplo, será sumamente difícil de superar.

De igual manera, es necesario medir y cuantificar sus tasas de ocupación, al igual que cuestionarse por qué tal o cual negocio tiene más, o menos, ocupación, cuando la calidad de tal o cual variable suya es sumamente pobre, o rica. Por ejemplo, por qué el estudiante recorre 50 metros más para llegar al negocio A, y no se queda en el B. O por qué va al C, a pesar de la incomodidad que su reducida área de estacionamiento implica. Y así, profundizar en el análisis de los atributos y sus efectos en torno a la tasa de ocupación. Tantos, como importancia le demos a la información que nos brindan.

Por supuesto, el principal competidor a investigar será el líder. El que más vende.

Hasta el momento se ha invertido tiempo, tanto en escritorio como en el área geográfica en cuestión, observando a los negocios que satisfacen la demanda y contando o cuando menos calculando a sus visitantes. Además, se ha solicitado la opinión de conocidos y amigos, e incluso mediante lecturas e investigaciones se ha obtenido mayor información al respecto, incluso con proveedores de materias primas y equipos y utensilios para negocios de comida, con el propósito de proporcionarle mayor solidez a la idea de negocio. Sin embargo, falta la información del más importante. La del rey: el consumidor. Quien no sino hasta cuando iniciemos operaciones reales decidirá totalmente si nuestro negocio tendrá éxito o no, pero ahora, aún en ciernes, podrá ayudarnos muchísimo a definir con alguna precisión cómo necesita él que sea nuestro potencial negocio.

Prueba de producto, de concepto de negocio y estimación de la demanda

Una oferta de menú que incluye alrededor de 15 opciones para el consumidor es difícilmente susceptible de medición en su totalidad.

Sin embargo, reconocemos que varios de los productos-herramienta dentro de dicho menú poseen una marca propia o estarán en plena etapa de madurez, lo que les proporciona una demanda totalmente comprobada. De tal suerte, la prueba de producto la realizaremos únicamente sobre aquellos que nosotros preparamos, máxime si pretendemos que sean innovadores en algún sentido. No realizaremos pruebas de producto a un hot dog, salvo que sea con salchicha de pescado, en pan de centeno o de alguna manera diferente a lo tradicionalmente conocido como tal.

Así, para realizar dicha prueba de producto, sin recurrir al rigor científico propio de la investigación de mercados formal, lo hacemos con base en un proceso de investigación más bien lógico que, en primera instancia, nos ayude a determinar una muestra representativa, aunque cualitativa.

La primera decisión a tomar es a quiénes investigaremos. ¿A los estudiantes de la universidad o sólo a los estudiantes que acuden a tales negocios de comida?

En caso entrevistemos a los estudiantes de la universidad, nuestra investigación podrá respondernos también a la interrogante de por qué no visitan tales negocios, pues sin duda, muchos estudiantes no los visitan. Pero ¿será de interés para nuestro propósito saber por qué no los visitan? ¿Descubriremos alguna información vital para nuestro negocio o por lo contrario, estaremos perdiendo tiempo y recursos? Lo más sensato quizá sea entonces investigar sólo entre quienes visitan tales negocios, con lo que la información acerca de la población total de la universidad carece de sentido. No nos interesa saber cuántos alumnos tiene por jornada y ni su distribución por género, pero sí que nos interesa saber cuántos alumnos aproximadamente visitan durante la mañana y la tarde noche dichos establecimientos de comida, tanto como saber en buena medida qué consumen, por qué lo consumen, cuánto pagan por ello y demás datos relevantes.

Mediante observación, calculamos cuántos estudiantes son clientes de tales empresas o negocios. Para el efecto, nada mejor que visitar dichos establecimientos cuando están vacíos y contar la cantidad de mesas o sillas que poseen, o bien el espacio en metros cuadrados de su área de servicio para que, durante las horas pico de demanda, calculemos cuántos estudiantes hay aproximadamente dentro de ellos. Además, existe un estándar que estima 1.5 a 2 metros cuadrados por cliente. En el caso de jóvenes universitarios, tal área sin duda puede ser menor.

De igual manera, ubicándonos cerca del ingreso de los establecimientos podremos identificar con algún grado de certeza cuántos hombres y cuántas mujeres ingresan o egresan y cuantificar entonces también por género.

Serán datos aproximados, por supuesto, pero que nos serán de suma utilidad en el proceso.

Así las cosas, asumamos que luego de realizada la investigación establecimos que cerca de 400 estudiantes durante la jornada matutina, de los cuales 3 o 4 de cada 10 son hombres, se dirigen a los distintos establecimientos de comida cercanos a la universidad. De igual manera, establecimos que el negocio A se ocupa apenas un 20% de su espacio, el B cerca del 50% y el C, entre un 30 y 35%.

Durante la jornada vespertina, la cantidad de visitantes asciende a cerca de 1,000, de los cuales 6 o 7 de cada 10 son hombres. Y la ocupación de los establecimientos varia así, en el A: casi 100%, el B, invariable, aunque quizá poco menos, y el C, también se incrementa hasta un 95%.

Con esta información estimada inferimos inicialmente que durante la mañana el mercado es mayoritariamente femenino. Sin embargo, el propósito principal, tal cual se planteó, es ayudarnos a establecer el tamaño de una muestra cualitativa de estudiantes necesaria para realizar nuestra prueba de producto y de concepto, aunque luego de la observación realizada, también respondernos ciertas inquietudes que han surgido como consecuencia, tales como la razón por la cual existe tanta variación entre la jornada matutina y vespertina en cuanto a ocupación en dos de los negocios, tanto como porque el B nunca se llena. ¿Les interesará vender el negocio? Y, a nosotros, ¿comprar? Puede ser una alternativa de incursionar en el negocio.

Inicialmente entonces, debemos saber cuántas personas necesitamos para conformar la muestra poblacional. A mayor cantidad, más confiabilidad, pero también más costo y tiempo necesarios. Así, el tamaño ideal, con el rigor científico de la estadística, estará determinado por el nivel de confianza tanto como por el grado de error permitido, sin embargo, en nuestro caso llevaremos a cabo una investigación cualitativa, la cual carece del rigor científico estadístico, aunque es pletórica en información subliminal y motivacional respecto al tema, por lo que personalmente la considero de muchísimo más valor que la investigación cuantitativa propiamente.

Sin embargo, con el propósito de alcanzar una buena idea de lo que sucede, y consciente de que a más personas entrevistadas, mejor información obtenida, y aunque en este caso la población total, el Universo N, es de 1,400 personas, lo que cuantitativamente implicaría cerca de 65 personas para un nivel de confianza del 90% y margen de error de 10%, como cualitativa que es, insisto, la llevaremos a cabo sólo con 50 personas.

El tamaño de la muestra que la estadística indica nunca dará mayor certeza a la investigación que la manera o modo como han sido recopilados los datos, de tal suerte, en la investigación motivacional a través de grupos focales, eminentemente cualitativa, la certeza de la información obtenida será consecuencia más de la habilidad y experiencia de quien dirija las sesiones que de la cantidad de investigados.

Sin embargo, investigar de acuerdo con las características del perfil del consumidor real sí que resulta esencial, con lo que estableceremos una muestra proporcional a la población matutina y vespertina, tanto como con su género, así:

Tamaño total de la muestra: 50 personas
Jornada matutina: 14 personas: 6 hombres y 8 mujeres
Jornada vespertina: 36 personas: 19 hombres y 17 mujeres

Una vez tenemos este tamaño y distribución proporcional de la muestra necesaria, procedemos a realizar la investigación cualitativa cuyos propósitos serán proporcionarnos información acerca de:
• El nivel de satisfacción actual.
• La opinión y actitud de los encuestados acerca de las principales características del concepto de negocio que planeamos. Desde el precio, la ubicación, las características del servicio, los principales productos a la venta, el ambiente y demás, todo lo cual se ponderará como bueno o malo, en la medida de lo posible.
• La capacidad de nuestros productos como satisfactores.
• Determinar la probable demanda mediante el descubrimiento de la intención de compra.

Previo a iniciar tales sesiones, debemos determinar con precisión las respuestas que buscamos para respondernos estas inquietudes, y por ende, definir las preguntas generales y los temas por los cuales guiaremos la conversación a suscitar.

Una vez establecidas las respuestas que buscamos, redactamos entonces las preguntas y las traducimos a lenguaje coloquial con el propósito de llevar la sesión en amenidad y confianza conforme a dichas.

Las sesiones con grupos focales deben llevarse de la manera más libre y espontánea posible, aunque bajo la premisa de las respuestas que necesitamos obtener, por lo que el conductor de la sesión debe estar consciente no sólo de su rol, sin generar sesgo alguno, sino también de las tales respuestas buscadas y, por ende, de las preguntas a poner en juego y plantear, de manera abierta y general, para paulatinamente derivar hacia temas más específicos o puntuales.

Una vez logrado el paso anterior, quien dirija la sesión se someterá a prueba como tal con un grupo de compañeros, amigos y familiares, con el propósito de identificar probables incidencias y de ajustar de manera óptima tales preguntas y adecuada conversación. Finalmente, luego de dos o tres ensayos, cuando estamos preparados para llevarla a cabo de manera real, damos inició a la investigación, invitando a estudiantes de la universidad hasta completar 5 o 6 grupos de entre 8 y 10 personas máximo, totalmente representativas por género, hasta alcanzar los 50 entrevistados.

Así, reunimos a un primer grupo determinado día y hora en algún sitio específico, como lo puede ser una oficina o sala de sesiones e iniciamos con una exposición general de la idea y el concepto del negocio, inquiriendo a la vez por sus opiniones y comentarios en pro de enriquecer la dinámica y la información vertida. El propósito principal será incentivar el libre flujo de comentarios e intercambio de opiniones respecto del concepto del negocio y, muy importante, la oferta que actualmente ellos reciben de parte de quienes serán nuestra competencia. Entre 30 y 40 minutos serán suficientes. Además, la sesión debe ser grabada cuando menos auditivamente para su posterior revisión y análisis.

En el transcurso de la misma, les damos a probar pequeñas porciones de nuestros productos, tal y como hemos definido los serviremos en el negocio. Y así, en plena tertulia, preguntamos abiertamente acerca de las variables que investigamos, en este caso, sabor, consistencia, olor e innovación, pero sin anotar nada en absoluto. La conversación debe continuar libre y casual. Recordemos que la sesión debe estarse grabando.

Finalmente, cerramos la sesión con preguntas poco más específicas, relacionadas con la intención de compra, monto a gastar en cada vez, posibilidad de visitar en otros horarios y días y demás concernientes a nuestro propósito: determinar la probable demanda.

Este procedimiento lo repetimos con tantos grupos como sean necesarios para alcanzar los 50 estudiantes propuestos como muestra, sin embargo, cada sesión se analiza de manera individual. Por supuesto, al final se consolida en un solo documento que responderá a las interrogantes planteadas desde el inicio y se procede al análisis global.

Este tipo de investigación mide las actitudes, tanto positivas como negativas, de los encuestados hacia los diferentes objetos o sujetos de investigación, por lo que conducir las sesiones requiere suma experiencia en el investigador, para no provocar ningún sesgo. Él no debe incidir en la opinión de los encuestados. No es un momento para ventas sino, por el contrario, para comprar información.

Así las cosas, una vez realizadas las sesiones necesarias, con uno o dos menos o más sujetos encuestados, que siempre sucede, analizamos.

Los 50 estudiantes encuestados se constituyen entonces en representantes de lo que los 1,400 clientes diarios opinan y piensan respecto de la competencia, nuestro concepto de negocio y producto, tanto como su probable intención de compra. De tal suerte, si el 75% opinó favorablemente, tenemos muchas posibilidades de éxito, pero si sólo un 15% mostró algún entusiasmo, entonces algo no está bien en nuestra propuesta de negocio y debemos corregir de inmediato. Máxime si cuando revisamos individualmente cada sesión, comprobamos que tal bajo nivel de aceptación ha sido constante a lo largo de todas ellas.

¿Cuánto es el consumo promedio? Asumamos que la investigación realizada nos indica que en hombres es de $ 20.00 y en damas $ 12.00. Caramba, ¿tenemos la información de los clientes por género sexual? Sí. Generalizando, se ha asumido que 50% y 50%.

¿Cuál es el valor del mercado? Partiendo del generalizado 50% y 50% propuesto, para ambas jornadas, 700 hombres gastan $ 20.00 y 700 mujeres, $ 12.00, al día, con lo que el valor del mercado es de $ 22,400.00 diario. ¿A qué participación de mercado aspiramos entonces en el primer mes? ¿Y al término del primer año? ¿De dónde saldrán los clientes? ¿A cuál de los negocios actuales se los quitaremos? ¿Y qué harán esos negocios para no perder a sus clientes?

Dada nuestra capacidad óptima planeada, podremos atender un máximo de 120 clientes por vez durante cada jornada, de los cuales 50% gastan $ 20.00 y el otro 50%, $ 12.00, con lo que nuestro potencial de ventas alcanza la cifra de $ 3,840.00, lo que indica un 18% de participación. De lograrse el 100% de eficiencia en la ocupación durante las dos jornadas al día.

¿Es congruente ese potencial de ventas estimado con nuestras expectativas y, sobre todo, con nuestros costos estimados?

Bien, es entonces momento de realizar el análisis financiero que planteamos páginas atrás.

Sin embargo, la información recabada nos dice también que el 82% del mercado total estará repartido entonces entre los otros 3 negocios. ¿Cuán grandes son en realidad? El tamaño de local que pretendemos, ¿será muy pequeño? ¿Tiene posibilidades de crecer, con un segundo piso quizá? ¿O estaremos condenados a no crecer?

Sí, el proceso de investigación y búsqueda de respuestas puede ser tan intenso y extenso como nos dejemos atrapar por el mismo, pues de hecho, quisiéramos ser más precisos y determinar también para cada jornada tanto como para desayuno, almuerzo y cena nuestras probabilidades de éxito, pero entre más temas investiguemos, quizá, y reitero, quizá, más certeza tendremos en el resultado, pero lo que si resulta totalmente certero es que necesitaremos más tiempo y dinero. Sin ningún quizá. Entonces, ¿hasta qué punto estaremos invirtiendo en investigación y en cuál otro punto empezamos a gastar? He ahí otro dilema con el tema. ¿Valdrá la pena profundizar más?

Así, en determinado momento debemos tomar la decisión de incursionar o no en el ámbito, pues las dudas, como he señalado previo, siempre existirán, e incluso en el momento de iniciar operaciones y estar ante el consumidor estaremos resolviendo muchísimas aún, e incluso corrigiendo otras, pues la certeza sólo será factible con la varita mágica, y esa no la tendremos nunca. Además, bien sabemos ahora que es mucho más sensato corregir que aferrarse con vehemencia a lo planeado, máxime cuando resulta evidente que se planeó mal. Es más, debemos acomodarnos al mercado en todo momento, cuando menos hasta alcanzar una etapa sólida de crecimiento.

Además, en este momento se ha realizado ya el análisis de punto de equilibrio y los estados de resultados y balance general proyectados de acuerdo a la información recabada y analizada.

Y si bien es cierto, el rigor científico de la investigación planteada, reitero, no responde con entereza a las exigencias de la estadística, como he explicado, no por ello le veda importancia alguna como herramienta. Máxime para quien inicia un nuevo negocio propio con recursos escasos, como generalmente lo es y, principalmente, para quien dirijo esta propuesta.

Existen mil y una consideraciones adicionales acerca del tema, incluso sabemos que el proceso de desarrollo de nuevos productos será mucho más sencillo y fácil de realizar una vez implementado el negocio, ya que será ahí mismo, in situ, con clientes frecuentes y con plena confianza, ante quienes someteremos a prueba los tales.

Además, sabemos ahora que es mucho más conveniente iniciar negocios con productos en su fase de madurez, como en el caso de comida: la citada hamburguesa o el hot dog, pero también el pollo frito, el seviche tradicional y demás similares; o en el caso de ropa: los jeans, las camisas de manga larga y corta, tanto como las t shirts, productos todos cuyas características y demanda son ampliamente conocidas.

La innovación, nuestra creatividad incluso, pueden tener cabida en el negocio, pero paulatinamente, despacio, principalmente conforme al desarrollo del mismo, con la esperanza de que poco a poco se constituyan en la piedra angular de diferenciación, pero que de no lograrlo, no nos arrastren al cierre o fracaso.

Por lo contrario, de ser el caso efectivamente del lanzamiento de un producto totalmente innovador, cuyo sabor o taste o forma o color difiera considerablemente de lo comúnmente aceptado por el mercado, tal como hamburguesa de carne de conejo, hot dogs con salchicha de carne de rana o los famosos insectos tan en boga hoy día por sus capacidades alimenticias, pues sin duda será mucho mejor realizar toda una prueba formal de producto, incluso quizá a través de alguna empresa de investigación de mercado especializada. Tomando en cuenta siempre la relación costo beneficio.

Expuestas entonces algunas aclaraciones pertinentes, sabemos ahora que una vez realizada la investigación cualitativa descrita, se cuenta con alguna información del mercado, lo cual es un aliciente, pero, ¿confirma esta el éxito del negocio o su fracaso? Es el mercado quien decide, aunque la opinión de 50 personas no deja de tener cierta validez. De tal suerte, debemos confiar en el resultado tanto como en nuestra capacidad para haberlo hecho bien. De cualquier forma, el éxito comercial empresarial nunca está garantizado. Simplemente, contaremos con mayor información para una toma de decisiones más acertada que cuando no hemos realizado investigación o consulta alguna.

Por supuesto, un negocio que exige una inversión inicial de $1,000,000.00 no puede tener como base la opinión de 20, 30, 50 o 100 personas. Sin duda, ese monto de capital financiero requiere de todo un proceso formal de investigación de mercados a cargo de una empresa profesional, pues es mucho más sensato invertir $ 30,000.00 o $ 40,000.00 para saber si tal millón será redituable a gastar $ 1,000.00, aventurarse y luego perder el millón mencionado.

Así las cosas, es totalmente necesario y válido consultar con personas con experiencia en el ámbito. Entre más información obtengamos durante la planeación, más certeros serán nuestras decisiones, y por ende, nuestros planes y objetivos.

¡Bien! Luego de muchísimos ajustes y correcciones en el papel, el concepto de negocio finalmente tiene aceptación, tanto como nuestros productos y sus principales características, además, el análisis financiero proyectado también es satisfactorio. ¿Llegó el momento de la verdad? ¿Iniciamos el negocio? No. Aún falta mucho por hacer antes de abrir este negocio.

Necesitamos saber por dónde llevaremos el negocio y hacia dónde. Un destino y un camino a seguir. Crear el plan de negocio y su respectiva estrategia, con base en el conocimiento que el mercado nos ha brindado a través de nuestra investigación, en procura de los objetivos.

Así pues, ahora es momento de sentarnos, analizar la información y tomar decisiones para plasmar nuestra estrategia general, cuya declaración debe contener, como sabemos, cuando menos lo relacionado con:

- Ventas.
- Gestión financiera.
- Comunicación.
- Relación con el mercado.

Una estrategia general para el caso que revisamos podría indicar más o menos lo siguiente:

En el período de clases (10 meses) alcanzar ventas totales de $ 615,000.00 con precios 12% a 15% superiores a la competencia, buscando una ocupación en mesas no menor del 80%, entre estudiantes universitarios, generando una utilidad sobre ventas de 60%, de lo cual, durante este período, el 5% se destinará a publicidad exterior, 20% a desarrollo de nuevos productos, 15% a promociones del tipo el 3ro come gratis así como degustaciones, 5% a publicidad vía correo electrónico y redes sociales, 15% a capacitación de personal y 40% para costos generales.

Se estima alcanzar el objetivo de venta anual a través de incrementos mensuales en ventas de 10 a 12%, con lo que el primer mes se espera ventas de $ 40,000.00 y el primer trimestre por un monto de $132,000.00, a través de las dos jornadas y el fomento e impulso a un tercer tiempo.

Las porciones a servir serán de tamaño óptimo, por lo que el mismo se ajustará durante el primer mes a través de la consulta con el cliente al respecto. Iniciándose con un tamaño identificado como medio. En todo caso, los ingredientes y las materias primas serán frescos y de primerísima calidad, tanto como el servicio de cocina, preparación y despacho altamente higienizado, lo cual se constituirá en la base del posicionamiento en unión al sabor y el tamaño óptimo de porción citado.

Se prevé ajustar lo relacionado con el menú, productos y servicio a lo largo del primer mes, con lo que se colocaran papeletas de encuesta en las mesas y se contratarán edecanes investigadores para conversar y recibir información cualitativa de parte de grupos de clientes.

El método de servicio se presta en un ambiente de naturaleza en el que el cliente llega a la caja, ordena, paga y luego el personal le lleva a la mesa su pedido mediante un número identificador de la orden. El personal de atención será joven, sin embargo, en función social, por cada 4 jóvenes se contratará a una persona mayor de 50 años para desempeñar puestos acordes.

¿Es sólida esta estrategia? En cuanto a redacción, lo parece, pero ¿de dónde saldrán nuestros clientes? ¿A cuál o cuáles de los negocios se los arrebataremos? ¿Cómo? ¿Cuál es nuestro elemento diferenciador? ¿Por qué el cliente nos buscará y cambiará de establecimiento? ¿Qué tanto le importa al cliente un ambiente de naturaleza? ¿Lo establecimos durante la investigación? Bueno, cuando párrafos arriba he dicho:

"¡Bien! Luego de muchísimos ajustes y correcciones en el papel, el concepto de negocio finalmente tiene aceptación, tanto como nuestros productos y sus principales características"

He dado por sentado que efectivamente hemos investigado y determinado las respuestas a estas interrogantes.

Adicionalmente, el objetivo de $ 615,000.00 en ventas durante el período está justificado por las aproximaciones de la capacidad de venta diaria: $ 3,840.00, 5 días a la semana, 4 semanas al mes, durante 10 meses, y el 80% de ocupación en mesas que se propone. Todo lo cual redunda en $ 614,400, lo cual aproximamos a $ 615,000.00 Además, indica que se fomentará una tercera jornada de visita.

De tal suerte, inferimos que alcanzar ese objetivo es viable ya que está plenamente justificado. La estrategia cumple con dictar lo relacionado con ventas y precio, costos y gestión financiera, diferenciación y posicionamiento del satisfactor-marca y comunicación y relación con el mercado, con lo que sabemos de antemano qué haremos y hacia dónde tenemos que llegar. Por supuesto, en paralelo tenemos los instrumentos de control citados: el pronóstico de ventas y los estados de resultados proyectados.

Vale resaltar la importancia de un control directo y constante durante ese primer trimestre de operaciones, pues siempre habrá imprevistos e incluso necesidad de realizar correcciones en uno u otro sentido.

Generación del nombre o marca

Una vez contamos con la estrategia, y aunque aún todo está en papel, debemos definir totalmente un nombre para el negocio, es decir, una marca que lo identifique y a la vez lo distinga dentro del mercado. Sí, es de las últimas acciones, pues la marca debe transmitir al cliente potencial todo lo que hemos asentado previo.

¿Cómo debe ser una marca? Como en su momento se indicó, en principio una marca NO debe ser un trabalenguas. Una o dos palabras de 3 a 5 sílabas será lo ideal. Entre menos, mejor, pero que a la vez transmitan lo que el negocio es o lo que la estrategia dicta, lo cual complica el tema, pues con pocas letras decir tanto como el concepto dice, suena harto difícil, pero bueno, ese es el reto.

Una nueva tormenta de ideas quizá será necesaria para identificar un nombre de marca. De tal suerte, durante las mismas sesiones previas con clientes potenciales con quienes evaluamos el concepto de negocio y la competencia pueden también ser fuente para que este nombre de marca surja. Elegir tres o cuatro alternativas y someterlas a consideración de los entrevistados. Nada mejor que un nombre de marca aprobado por el mercado. De tal suerte, intentémoslo. De no obtener alguno definitivo durante tales sesiones, cuando menos sabremos más o menos entre cuales opciones deberá encontrarse la misma.

Pero la marca no se limita sólo a un nombre. Necesita también significado, el cual se apoya o apalanca con el color y el tipo de letra. Incluso algún enmarcado o frame decorativo.

Así, una vez surge el nombre de marca, es necesario adecuarla con los diferentes tipos de letra y colores que le proporcionen personalidad y creen un mensaje más completo, incluso total, a transmitir. Mensaje que debe ser acorde a la estrategia general del negocio, que en el caso en cuestión vimos que pretende posicionar al negocio como una alternativa saludable, higiénica, sabrosa y de buen tamaño, para amantes del medio ambiente. La personalidad de la marca debe transmitir tales características.

Una letra color rosa nos proporciona cierta idea sobre el ambiente en tanto que letras verdes otra distinta. Para el efecto entonces deberá manejarse la teoría del color y su impacto psicológico en las personas, lo cual está a cargo de diseñadores gráficos.

De igual manera, debe concebirse un **slogan o frase** que complete el significado de la marca pero que a su vez lo delimite. Dos o tres palabras adicionales tal cual: tierno jugoso y crujiente; make believe; compartimos sueños, construimos realidades, entre otros, son magníficos ejemplos de lo que un slogan es.

Y claro, ya que lo mencionamos, también debemos ocuparnos en construir el **ambiente**. Como se señaló, apelamos a la naturaleza. ¿Por qué? Por el mismo mercado meta a que nos dirigimos y que describimos inicialmente. Sin embargo, el ambiente no puede limitarse a macetas, plantas, piedras y madera sino también en lo relacionado con niveles de iluminación, música, temperatura, así como estilo de sillas y mesas, pisos, ventanas y demás, todo lo cual estará sujeto también a revisarse constantemente para su óptima adecuación hacia el mercado, aunque girando siempre en torno a naturaleza.

Como cabe esperar, es probable que utilicemos servilletas de papel, vasos desechables y diferentes papeles para envolver alimentos; pero estos deben ser seleccionados acorde al mercado. En este caso, sabiendo de lo nocivo del duroport para el medio ambiente, será lógico pensar que no lo utilizaremos, ya que entrará en contradicción con nuestro cliente y nuestra propuesta ambientalista.

¡Bien!. Finalmente llegamos al momento tanto anhelado. La puesta en marcha del negocio. De tal suerte, y como en su momento observamos, daremos ahora respuesta a las últimas interrogantes que esta etapa de comercialización plantea y exige.

Apertura del negocio (Lanzamiento o comercialización)
¡Las decisiones trascendentales!

¿Cuándo? En la mayoría de países occidentales la mejor época de venta al detalle es la navidad, de tal suerte, una tienda de ropa, una venta de bicicletas o juguetes será sumamente conveniente inaugurarla durante el mes de octubre, pues sin duda le será de muchísimo beneficio arrancar con tal alta temporada natural de ventas en los próximos meses. De igual manera, la venta de útiles escolares cuando el ciclo inicia en enero, pues del mes de octubre al mes de enero tendrá el tiempo suficiente para darse a conocer, lo cual es invaluable. O para ropa de verano, en enero y así aprovechar la temporada de febrero, marzo y abril, en Guatemala, pues en Argentina tienen su verano en noviembre y diciembre, con lo que allá, iniciar quizá en septiembre resulte óptimo. Pero, para un negocio de comida rápida, ¿qué estacionalidad puede presentar su demanda? Ninguna. Pero, recordemos, si no hay una época propicia, también debemos evitar aquellas que resultan menos propicias e incluso contraproducentes. El invierno, sin duda, no será la mejor época para abrir al público una piscina al aire libre para la familia. Se puede, sí, pero no será mejor época que durante el verano.

Sin embargo, en nuestro ejemplo, recordemos, está enfocado en satisfacer el mercado de estudiantes universitarios. De tal suerte, debemos investigar cuándo inician las clases en la universidad, y entonces hacer nuestro lanzamiento en ese momento, pues hacerlo antes será inocuo por tanto no habrá clientes o consumidores potenciales en el área.

Como estrategia ulterior, se tiene también la opción de abrir al público en silencio, sin la pompa y festejo que caracteriza esta clase de actividades, con el propósito de afinar con mayor certeza nuestra operación comercial, desde el mismo menú hasta los precios, sabores, comodidad, horarios y demás, con clientes reales. Afinar mejor nuestro proceso y negocio mismo. Para lo cual, tres, cuatro o cinco semanas pueden ser suficientes, pero es esencial durante ese lapso recabar aún más información, y de igual manera, corregir aún más lo necesario. Una vez se logra el propósito, entonces se procede a realizar el programa de lanzamiento con bombos y platillos

Sí. Evidentemente, el negocio planteado satisface una demanda derivada de la demanda de jóvenes por educación superior en la universidad.

¿Cómo? Esencialmente, con mucha información y comunicación con los clientes para dar a conocer la buena nueva, aunque con estricto apego a los planes establecidos así como a la relación costo-beneficio planteado. Será bajo una estrategia de comunicación específica para el lanzamiento, en la cual, amén de ceñirnos a la estrategia central, describimos los objetivos, el lapso y las actividades a realizar durante su desarrollo.

El rótulo es esencial, tanto como volantes y atractivos visuales que llamen la atención, al igual que recursos innovadores que inciten al comentario de los visitantes con sus compañeros que permanecen en el aula. Sorprender, a efecto que dicha sorpresa sea compartida, y por ende generé más tráfico de personas.

En este ejemplo de negocio de comida rápida sólo ha resultado necesario respondernos los previos cuándo y cómo, como lo hemos hecho, pues las otras 2 interrogantes del lanzamiento han sido respondidas con anterioridad, conforme hemos venido desarrollando el concepto de negocio, es decir, el dónde y a quién.

Bien. El proyecto está completo. Ha finalizado. Tenemos identificado qué venderemos, cómo, a quiénes, los precios, horarios, tamaños de porción, productos-herramienta, menú y demás, tanto como cuándo iniciaremos y cómo lo haremos. Sin duda, todo está anotado, incluso con cierto orden, por lo que lo único pendiente es asentarlo correctamente en un plan de negocio.

¿Qué tipo de plan corresponde entonces para un negocio de comida? Pues uno que incluya cuando menos los planes de mercadeo: ventas, comunicación, relación con el mercado. Cocina (producción). Personal, Finanzas. Servicio a mesas y RSE.

Sin embargo, es preciso tener en mente que este plan de mercadeo, como columna vertebral de la administración estratégica del producto A en el mercado X, se origina a partir de las compras potenciales estimadas de los clientes, traducidas a ventas esperadas asentadas en el pronóstico de ventas, además de las expectativas de crecimiento a corto, mediano y largo plazo, todo lo cual sirve de punto de partida también para los planes y presupuestos de producción, finanzas y demás.

Así, la proyección de ventas esperadas, da lugar al tamaño de cocina con que equiparemos el negocio tanto como a la cantidad de personal a contratar, las compras de lechugas y panes, tanto como de salsas, a la vez que la cantidad de mesas y sillas a colocar, entre otros. Pues de igual manera hay que tomar en cuenta desde cuchillos hasta servilleteros, servicios sanitarios, garrafones de agua embotellada, leche e incluso rollos de papel higiénico y bolsitas de azúcar.

Por supuesto, quizá recuerde que al inicio revisamos lo concerniente al proceso administrativo, por lo que seguramente será conveniente ahora, con toda la información que usted posee, dar nuevamente un vistazo ahí, a esa importante área.

COROLARIO

El ámbito de los negocios, de la mano del vertiginoso desarrollo de la comunicación durante los últimos años, ha presentado un contundente auge, tanto que hoy día la competencia, como en su momento lo fue 100 años atrás, y lo será aún más 100 años adelante, amén de prolífica, abundante y quizá hasta desbordante, actúa no sólo contundentemente sino también de manera agresiva, tanto en la protección de su más valioso recurso: sus clientes, como también lanzando consecutivamente tentadoras ofertas con las cuales seducir y atraer a los nuestros, pretendiendo atraparlos mediante una experiencia de compra mejor que la que nosotros ofrecemos y así quedárselos para toda la vida. De tal suerte, el panorama es totalmente desalentador para quien piensa que simplemente con adquirir o producir algún inventario y abrir las puertas de un local de par en par será suficiente para vivir bien, pues de ninguna manera tales actividades garantizan ventas, mucho menos beneficios mutuos, evolución ni desarrollo alguno. Nada.

De tal suerte, abrir un negocio es tan sólo un ínfimo paso necesario a cumplir con el propósito de vivir bien. Sí, tan sólo un pequeñísimo paso, pues a pesar del arduo trabajo necesario para llegar a ese objetivo, es a partir de la apertura del negocio o lanzamiento al mercado del producto cuando inicia el verdadero esfuerzo por construir y consolidar la relación armónica con la comunidad. Día a día, todos los días, a lo largo de todos los años.

Por eso se pregona que llegar es fácil. Muchos lo logran. De hecho, creo que todos los que anhelan un negocio lo han logrado alguna vez, pero sobrevivir, y más aún, crecer y desarrollarse cuando menos más allá de los primeros 2 o 3 años, sí que requiere de sumo esfuerzo, principalmente acuciosidad, paciencia, perseverancia y, por supuesto conocimiento.

En este momento usted sabe y comprende que la filosofía de mercadeo acá presentada como manera de administrar un negocio es esencial. También comprende y reconoce que debe apalancarse tanto en la sicología, para construir sus relaciones armónicas dentro y fuera de la empresa, como en la administración financiera, principalmente para cuando menos tener alguna esperanza de éxito en el mercado.

Y es que los mercados no son otra cosa más que personas, desde toda perspectiva. Sean como clientes, compañeros de trabajo, impulsadoras, personal, jefes, consumidores, intermediarios, influenciadores u otra más, el común denominador es: personas. Gente. De tal suerte, la sicología, más allá de ayudarnos a conocer y comprender a nuestros clientes y consumidores, se constituye en una herramienta valiosísima para construir y desarrollar relaciones humanas armónicas que propicien el logro de objetivos comunes.

Adicionalmente, nuestra naturaleza humana generalmente está a la expectativa de novedades, de cosas nuevas, diferentes, que cautiven nuestra atención y nos saquen de la rutina, por lo que la diferenciación harto mencionada a lo largo de este no puede quedar excluida en este corolario, mucho menos en su negocio.

Imitar es una estrategia válida, pero lo es mucho más mejorar las imitaciones. Ser diferente siendo mejor. Recordemos que las oportunidades ni por asomo son producto de la casualidad sino, por completo, de la causalidad. Se construyen.

Finalmente, la administración financiera, mucho más allá de cuantificar las utilidades, tiene otro propósito también igualmente importante: medir los costos de operación, y por ende, las probables economías de escala o ahorros.

Sí, las finanzas deben apoyarle más que para cuantificar sus ingresos, para cuantificar sus egresos. Y luego clasificarlos, analizarlos y procurar su disminución económica.

Por supuesto, tal actividad exige diferenciar claramente entre inversión y costos o gastos, pues la importancia de la responsabilidad social empresarial, principalmente las relaciones armónicas con la comunidad, y la erogación que representan, fácilmente pueden ser catalogadas como costos o gastos en casos de miopía de mercadeo y de crecimiento y desarrollo a largo plazo.

Además, el éxito económico no siempre proviene de altísimos ingresos sino más bien de muchísimo sacrificio y ahorro, como fácilmente lo vemos y comprobamos con amistades y conocidos.

Toda lanza y toda flecha están constituidas por una punta con la forma y la orientación adecuadas que las guían y a la vez las llevan o jalan, y un pedazo de palo, cualquiera; sin embargo, la punta de lanza o de flecha por sí sola no logrará llegar sin el sentido que dicho palo le proporciona, por lo que si bien es cierto las ventas son la punta de lanza de toda empresa, sin el palo, serán imposibles. Sin todo un proceso administrativo apalancado en el mercadeo estratégico, la sicología y la administración financiera, cuando menos, que apoye y respalde a las ventas, el resultado de la gestión empresarial nunca será el esperado.

Así pues, éxitos, y enjundia y predisposición a lograrlo, que en compañía de la investigación y el aprendizaje constante, también resultan necesarias.

Feliz día.

BIBLIOGRAFIA
Citar alguna es imposible, pero sin duda, mucho de esta propuesta está influida por cuando menos 15 de los autores más reconocidos de los últimos 30 años, sin embargo, es muchísimo más evidente la influencia en esta de mis vivencias, mis fracasos y mis éxitos como emprendedor.

www.ingramcontent.com/pod-product-compliance
Lightning Source LLC
Chambersburg PA
CBHW020737180526
45163CB00001B/271